MÉMOIRE

PRÉSENTÉ

PAR VICTOR DESVALETTES

POUR CONCOURIR A LA

PRIME RÉGIONALE

du

DÉPARTEMENT DE LA MAYENNE

RENNES

IMPRIMERIE DE CH. CATEL ET Cie

Rue du Champ-Jacquet, 25

—

1877

AVERTISSEMENT

Après avoir lu les instructions pour la rédaction du Mémoire à fournir par les concurrents à la prime régionale, j'ai pensé qu'il était plus simple de répondre à toutes les questions dans l'ordre où elles sont posées.

Cette forme a le grand avantage de simplifier le travail des jurés en facilitant les recherches et les comparaisons qu'ils peuvent vouloir faire rapidement sur certains détails avant d'asseoir leur jugement. Seulement, comme ma méthode de culture ne varie pas et que mes tendances sont partout les mêmes, j'ai cru qu'il serait complètement inutile de répéter les mêmes réponses à propos de chacune des métairies, et je me suis borné à faire connaître les seuls renseignements spéciaux à chacune.

J'espère que Messieurs de la Commission trouveront au moins quelque clarté à ce Mémoire.

V. D.

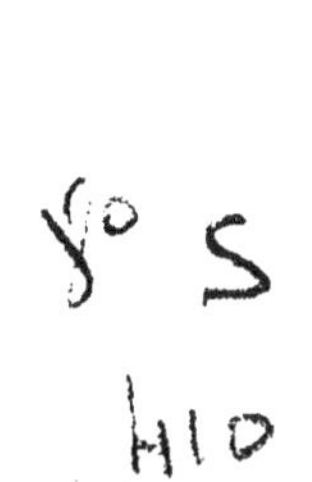

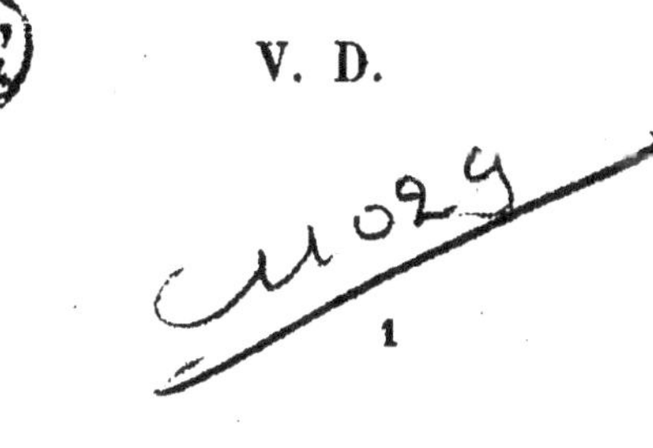

MÉMOIRE

PRÉSENTÉ PAR

Victor DESVALETTES

Pour concourir à la Prime régionale du département de la Mayenne.

Renseignements généraux sur les métairies de ***La Morlière,*** *de* ***La Grande-Courplée*** *et de* ***La Petite-Courplée,*** *sises en la commune de Saint-Georges-Buttavent.*

Configuration du sol. — Le sol de ces trois métairies est légèrement ondulé. Les mouvements de terrain sont plus allongés et moins brusques que sur beaucoup de points de notre arrondissement. La pente des champs est généralement bonne; celle des prairies varie de 0^{m} 002 à 0^{m} 003 millimètres par mètre.

CONSTITUTION DE LA COUCHE ARABLE ET DU SOUS-SOL.

Fouille de 2 mètres.

Couche arable	0^{m}	20^{c}
Sous-sol	0	70
Argile sablonneuse, argile et gros gravier	1	10
	2^{m}	00^{c}

Climat. — Le climat est tempéré.

Eaux et marais. — Les eaux pluviales, qui constituaient des mares très-nombreuses et des petits marais qui persistaient toute l'année, s'écoulent aujourd'hui, grâce aux ruisseaux que nous avons ouverts. Les sources ne sont pas fréquentes; nous en avons cependant trouvé quelques-unes en drainant, et nous les avons utilisées pour l'irrigation. Les eaux en sont très-bonnes.

Débouchés. — Le marché le plus rapproché est Mayenne, chef-lieu d'arrondissement, situé à 10 kilomètres. Deux voies y conduisent : le chemin de grande communication n° 4, de Laval à Mayenne, et le chemin d'intérêt commun de Placé à Saint-Georges-Buttavent, bourg où l'on trouve la route nationale n° 155, d'Ernée à Mayenne, dite d'Orléans à Saint-Malo.

Mayenne, située sur la rivière du même nom, navigable jusqu'à Angers, possède un chemin de fer qui la relie avec Laval et Caen.

Les foires de Mayenne ont lieu :

Le 2 janvier,
Le 5 avril,
Le 22 avril,
Le 22 juillet,
Le 29 août,
Le 22 septembre,
Le 23 novembre.

Il y a en outre un marché aux grains et aux bestiaux tous les lundis. Le premier lundi du mois, le marché se transforme en petite foire, grâce à une affluence plus nombreuse. Le vendredi de chaque semaine, l'on vend toutes les menues denrées : légumes, œufs, beurre, volailles, poisson de mer et d'eau douce, etc., etc.

Le commerce consiste en grains (blé, orge, avoine et sarrasin); bestiaux, chevaux, porcs, etc.

MAIN-D'ŒUVRE. — La main-d'œuvre est chaque jour plus rare.

Les prix de la journée sont :

Pour homme, en hiver...........	1 fr. 50
Idem en été.............	2 »»
Pour une femme, en hiver........	1 »»
Idem en été..........	1 50

Quand le cultivateur nourrit ses ouvriers, à l'époque des récoltes, il paie les hommes 1 fr. 50, les femmes 1 fr. 25.

En hiver, les hommes 75 c., les femmes 50 c.

Les domestiques à gages se louent depuis 200 fr. jusqu'à 350 fr. Les tâcherons gagnent en raison de leur force et de leur activité : leur salaire moyen peut être évalué à 2 fr. Ils se nourrissent généralement.

PRODUCTION DU PAYS. — Grains, bestiaux, chevaux, fourrages, volailles, œufs, beurre.

Les produits principaux sont les céréales (blé, orge, avoine, sarrasin) ; les chevaux de trait ; le bétail à corne, qui se compose de durham inscrits au Herd-Book français et de croisements durham-manceaux plus ou moins avancés.

Nous nourrissons en moyenne cinq veaux par quatre vaches, et nous engraissons les vieux bœufs chaque fois que la provision de foin nous le permet, sans diminuer la ration des jeunes têtes du cheptel.

Renseignements spéciaux sur les trois métairies de **La Morlière,** *de* **La Grande-Courplée** *et de* **La Petite-Courplée.**

La Morlière.

	hect.	ares	cent.
Sol, issues, jardins.	»»	25	10
Prés	14	88	50
Champs	25	94	80
Total	41	08	40

La Grande-Courplée.

	hect.	ares	cent.
Sol, issues, jardins	»	36	90
Prés	7	77	70
Champs	25	56	23
Total	33	70	83

La Petite-Courplée.

	hect.	ares	cent.
Sol, issues, jardins	»	61	50
Prés	8	44	70
Champs	24	14	20
Total	33	20	40

Travaux exécutés sur les trois métairies.

	longueurs.
Drainage, tranchées	15,340^{m}
Ruisseaux à ciel ouvert	6,000
Rigoles d'irrigations	580

Haies abattues	6,990^{m}
Haies refaites	2,870
Chemins ouverts et macadamisés	4,190
Chemins supprimés	930

Défrichements : 24 hectares 33 ares 50 centiares.

Nivellements sur une superficie de 3 hectares.

Terrains rendus à la culture par la suppression des haies : 4,120 mètres $\times$ 10 = 41,200, ou 4 hectares 120 ares.

MODE DE CLÔTURE. — Les champs sont clos de haies ou talus.

MODE DE JOUISSANCE. — Nos métayers n'ont pas de baux. Les conditions principales sont le partage par moitié des grains, de la vente du bétail et des charges qu'impose l'achat des semences, de la chaux, des engrais. Le métayer donne en outre des redevances en beurre, volailles et la moitié des oies.

Importance du capital employé sur le domaine.

La Morlière.

Inventaire en 1875	5,090 fr.
Inventaire en 1876	6,050
Outillage	3,300

La Grande-Courplée.

Inventaire en 1875	4,900 fr.
Inventaire en 1876	5,475
Outillage	2,500

La Petite-Courplée.

Inventaire en 1875	4,000 fr.

Inventaire en 1876..................	4,320 fr.
Outillage..........................	2,400

Batiments. — Plans a produire. — Tous les bâtiments ont été reconstruits : ils sont aérés et sains. Les animaux y sont disposés sur deux rangs.

Moyens de transport. — Chevaux avec harnais ordinaires, charrettes, tombereaux.

Assolement. — Triennal.
Prairies artificielles, 1re année.
Froment, 2e année.
Orge ou avoine, 3e année.

Amendements ou engrais employés sur le domaine. — Chaux, fumier, cendres lessivées ou charrée et noir animal.

La chaux, prise au four, coûte 6 fr. la pipe (4 hectolitres); rendue sur les lieux, 7 fr. 50 à 8 fr. Nous l'employons dans la proportion de 8 pipes à l'hectare, ou 32 hectolitres. Le fumier, que nous mélangeons avec la chaux éteinte, peut être évalué à 8 mètres cubes par hectare. Voici la manière dont nous faisons le compost :

« *On bat la chaux et la terre deux ou trois fois, puis on « mêle le fumier.*

« Cette méthode est la meilleure de celles qui sont usitées « dans le pays. La chaux, après s'être hydratée, en absorbant « l'eau de la terre et de l'air ambiant, revient à l'état de car- « bonate en se combinant avec l'acide carbonique de l'atmos- « phère : dans cet état, elle a perdu ses propriétés caustiques « et n'a plus d'action sur les diverses combinaisons salines du « fumier. On peut alors la mélanger avec les engrais. Ce qui « constitue la supériorité de ce procédé sur les autres, c'est « qu'on bat le fumier avec du carbonate de chaux et non avec « de la chaux. »

COMBIEN DE TEMPS LAISSE-T-ON ÉCOULER AVANT DE REVENIR A CES MOYENS AMÉLIORATEURS? — Trois ans.

QUELS EFFETS SONT PRODUITS PAR CHACUN DE CES AMENDEMENTS? — Au point de vue physique, la chaux divise nos terres fortes, les rend plus meubles, plus perméables; au point de vue chimique, elle dissout les fumiers, les rend plus facilement assimilables par les racines des plantes, et elle entre elle-même dans leur constitution. Elle empêche la verse des grains en donnant de la rigidité à la paille. En outre du fumier produit par le bétail de chaque métairie, nous achetons de la charrée, des cendres, des boues de ville pour nos prairies, et nous faisons venir de Paris du noir animal pour nos sarrasins.

DURÉE DE CES AMENDEMENTS. — Trois ans, ou à peu près, puisque l'on fume pour chaque récolte de froment, qui revient à la fin de chaque période triennale.

DESSÈCHEMENTS. — DRAINAGE. — TRAVAUX EXÉCUTÉS. — DESCRIPTION DU SYSTÈME ADOPTÉ. — Nous avons essayé de tous les systèmes de drainage. Nous avons employé les tuyaux, le bois, la pierre.

L'expérience nous a appris que les tuyaux se bouchent et que le bois pourrit. Aujourd'hui, nous sommes fixé, et nous drainons avec de la menue pierre, avec du mac-adam.

Voici la manière dont nous procédons : nous ouvrons des tranchées de 0^m 33 à 0^m 40 de large, et aussi profondes que possible. Les drainages profonds, à notre avis, sont moins dispendieux; ils permettent un écartement plus considérable des tranchées, ce qui donne lieu à une économie sur l'extraction, le cassage, le charroi et la pose de la pierre.

Il est bien évident que la profondeur des tranchées d'un système dépend toujours du point où débouche le collecteur.

Lorsque les tranchées sont parfaitement réglées, on y place

la pierre cassée, et avec 1 pied cube de mac-adam, 0,33 $\times$ 0,33 $\times$ 0,33, l'on fait 1 pied de long. Sur la pierre, on place ensuite des copeaux, des mauvaises planches ou des vieux bardeaux. Les copeaux n'ont d'autre utilité que d'empêcher la terre égrenée par la pioche de pénétrer dans la pierrée. Au bout de quelques années, cette couverture en bois a pourri; mais alors la terre a retrouvé sa compacité, elle est à l'état de bloc, et les éboulements ne sont plus à craindre.

Certaines personnes établissent au milieu de la pierrée une galerie formée par des pierres plates. Selon nous, cette pratique est mauvaise. La galerie a l'inconvénient grave de servir de rendez-vous, de refuge aux mulots, aux souris, aux rats, aux lapins, qui finissent toujours par l'obstruer en s'y établissant. La simple pierrée n'a pas cet inconvénient. Les rongeurs ne peuvent y pénétrer, les vives arêtes des pierres les gênent, et ils sont forcés de passer à côté, ne pouvant circuler au centre. Quant à l'écoulement des eaux, il se fait toujours très-facilement par les mille interstices de la pierrée.

Après ces explications, nous parlerons de la transformation qui s'opère dans un champ drainé, où le terrain sera moins mouillé en hiver et plus frais en été. Ce fait, qui paraît impossible *a priori*, est tout naturel.

Lorsque vous drainez un sol argileux qui, en hiver, conservait la plus grande partie des eaux pluviales, vous l'assainissez immédiatement, et l'eau qui s'accumulait entre les billons, au point de les couvrir parfois complètement, s'écoule par les mille fissures que l'air produit dans la glaise la plus compacte en circulant dans les tranchées. Quelques heures de beau temps suffisent pour qu'il ne reste plus trace d'humidité sur une terre drainée dans de bonnes conditions; et quarante-huit heures après la pluie la plus abondante le collecteur a déversé dans le ruisseau voisin l'excès d'eau qui autrefois noyait les récoltes, emportait les fumiers, ou empêchait de labourer et de semer.

En été, le même fait a lieu. L'argile fendillée à l'infini par l'aération que produisent les tranchées absorbera une grande quantité d'eau à la première pluie d'orage; elle se saturera d'humidité jusqu'au plan formé par le fond des tranchées. Qu'arrivera-t-il ensuite? Ce qui se passe dans une mèche quelconque où la flamme appelle l'huile ou l'alcool. Sous l'action du soleil, en vertu de la loi de la capillarité, l'eau happée par l'argile, emmagasinée dans le sous-sol, remontera en vapeur vers la superficie, et, en passant, rafraîchira les plantes avant de se perdre dans l'atmosphère. Eh bien! ce phénomène naturel n'avait pas lieu avant le drainage. Le sol argileux, cuit et transformé en brique par le soleil, ne se laissait que très-superficiellement pénétrer par les pluies d'orage. Le plus souvent, l'eau du ciel glissait à sa surface pour aller se perdre dans les fossés. Il arrivait alors que pour labourer l'on était forcé d'attendre que la terre eût été attendrie par des pluies continues. Sans cela, le soc de la charrue ne pouvait l'entamer.

Si le mauvais temps se prolongeait, après avoir été trop dur le sol devenait trop mou, et pour ne pas labourer et semer dans la boue il fallait encore interrompre le travail jusqu'à la sécheresse.

Tous ces contre-temps disparaissent par le drainage. La culture est toujours facile, plus économique, et les récoltes plus assurées. Nous ne comprenons pas qu'on cultive des terres mouillées, lorsqu'elles ont une pente qui permet de les drainer.

Pour confirmer ces explications, nous nous réservons de montrer à la Commission un drainage en cours d'exécution.

Aperçu des frais de drainage d'un hectare. — 240 fr., d'après les devis des Ponts-et-Chaussées.

Nous ferons remarquer qu'il est très-rare que l'on draine régulièrement des contenances exactes, et qu'il arrive souvent qu'un champ de plusieurs hectares, mouillé seulement dans une partie très-restreinte, sera complètement assaini par une tranchée de quelques mètres de longueur. Il nous semble donc préférable de donner le prix du mètre. Il est de 40 et 45 cent. en établissant les tranchées à une profondeur d'un mètre vingt (1^{m} 20^{c}) en moyenne.

Surfaces assainies :

Sur la Morlière.

Par ruisseaux...............	14 hect.	42 ares
Par drainage...............	12	37
	26 hect.	79 ares

Sur la Grande-Courplée.

Par ruisseaux...............	5 hect.	»» ares
Par drainage...............	14	30
	19 hect.	30 ares

Sur la Petite-Courplée.

Par ruisseaux...............	10 hect.	85 ares
Par drainage...............	14	10
	24 hect.	95 ares

Total des surfaces assainies sur les trois métairies :

Par ruisseaux...............	30 hect.	27 ares
Par drainage...............	40	77

Résultats. — Les résultats nous paraissent très-satisfaisants, puisque nous continuons et que nous continuerons à drainer. Pour se convaincre de cette vérité, il suffit de parcourir les terrains drainés et de voir leurs moissons. On constatera que de landes qu'ils étaient, il y a quelques années, ils sont devenus des champs fertiles.

Je citerai un seul fait : En 1860, je drainai un champ de La Charpenterie. Cette pièce de terre, d'une contenance de 5 hectares environ, n'avait jamais rapporté, dans les meilleures années, plus de 30 hectolitres. Le rendement ne couvrait pas les frais de culture, si l'on veut additionner le prix des semences, de la chaux, du fumier, des labours, des hersages, de la main-d'œuvre nécessaire pour sarcler, moissonner, battre, préparer et rentrer le grain. La première récolte après le drainage fut de 75 hectolitres qui, vendus 20 fr. l'hectol., rapportèrent 900 fr. pour la différence de 45 hect., soit 450 fr. pour le métayer et 450 fr. pour le propriétaire. Le travail, sans les charrois faits par le métayer, avait coûté 500 fr. Si l'on tient compte de l'augmentation de la paille, j'étais remboursé par la première récolte.

Irrigation.

Comment arrose-t-on? — Par irrigation proprement dite.

Quelles sont les eaux employées? — Les eaux pluviales qui ont lavé les chemins et les cours des fermes, celles des ruisseaux et des drainages.

Quelle est la composition de ces eaux? — « *Eaux de La Morlière et des Courplées :* Cet échantillon d'eau reste inodore après ébullition prolongée ; il ne donne lieu à aucun dépôt par un repos assez long.

« L'évaporation, conduite jusqu'à siccité, donne 54 milligrammes de résidu par litre, qui correspondent à 22 milligrammes de chlorure de sodium, 15 milligrammes de carbonate de magnésie et 17 de carbonate de chaux.

« L'eau de la Morlière marque 5 degrés forts à l'hydrotimètre de MM. Boutron et Boudet. De toutes les eaux qui nous ont été remises par M. Desvalettes, c'est celle qui renferme la plus grande proportion de sels terreux : c'est néanmoins une eau qui est encore très-pure et parfaitement propre à tous les usages industriels ou domestiques. Elle est cependant peu aérée. »

ÉPOQUES. — Du 1er mars à la fin d'avril : la température de l'année avance ou retarde un peu cette opération.

PLANS DES IRRIGATIONS. — Voir sur les plans de drainages.

Labours.

ÉNUMÉRATION DES INSTRUMENTS EMPLOYÉS, LEUR PRIX, LEUR EFFET. — Nos métayers emploient la charrue en fonte avec avant-train, qui coûte environ 70 fr. Elle fait un bon travail. Son versoir allongé colle bien les bandes de terre les unes sur les autres, donne un billon parfaitement clos dans lequel les plantes nuisibles blanchissent à cause du manque d'air, comme de la chicorée qui est liée. Dans cet état, elles sont très-attaquables par le soleil, et elles meurent aussitôt que l'on ouvre les billons par un temps sec.

C'est là, — à mon avis, — l'assolement triennal étant adopté, le grand avantage du labour en billon. Il est non-seulement un bon moyen d'ameublir, d'aérer le sol, mais encore de le nettoyer. C'est un des motifs pour lesquels il persistera dans notre région, et qui fait que certains agriculteurs y reviennent après l'avoir abandonné.

Sans doute le labour en planches, avec charrue sans avant-train, réalise une économie de traction, mais il entraîne l'adoption d'un assolement où les racines, les plantes fourragères doivent toujours succéder à une céréale. Ce système, qui a de grands avantages et que nous adopterons peut-être plus tard, ne nous a pas paru praticable en débutant, alors que nous entreprenions des travaux exceptionnels de drainage, de dessèchements, d'irrigation et de défrichements. En outre qu'il eût été impossible d'avoir un assolement régulier avant l'entier achèvement de nos défrichements, il n'eût point été prudent de changer les habitudes de nos métayers, alors qu'ils étaient obligés de contribuer à nos différentes améliorations par des charrois nombreux, et que le séjour prolongé d'ouvriers de toutes espèces leur imposait des dérangements toujours très-préjudiciables à la besogne quotidienne des cultures.

Il faut encore tenir grand compte de la bonne volonté plus ou moins grande des métayers et considérer que les transformations de méthode ne se font pas, sous le régime de la colonie partiaire, aussi rapidement ni aussi facilement que dans le faire-valoir direct. Il ne suffit pas de commander, il est indispensable, si l'on tient au succès, de persuader et d'instruire son associé. Si vous dédaignez l'expérience du cultivateur et si vous ordonnez des essais sans y avoir suffisamment réfléchi, il est à craindre qu'un échec ne vienne diminuer votre influence morale en vous faisant passer pour un novice.

Nombre d'animaux qu'ils réclament pour un bon travail. — Trois ou quatre chevaux.

Nature des moteurs employés. — Chevaux exclusivement.

Profondeurs des labours. — 12 à 15 centimètres.

Comment s'exécutent-ils? — En billons.

Dimension des billons. — De 1 mètre.

Nombre et époque des labours. — Pour les froments, on commence après la fenaison à rompre les prairies artificielles. Ces labours s'appellent *rôtis*, probablement parce qu'ils passent tout l'été exposés à l'ardeur du soleil, qui les grille. Cette pratique est excellente : elle féconde le sol en l'exposant à toutes les actions atmosphériques et facilite énormément le nettoyage des terres.

Durant les mois de septembre et d'octobre, on laboure les champs de trèfle et de ray-gras, où l'on a fait du regain et récolté de la graine. Dans les cantons qui cultivent le sarrasin, les labours pour le froment ou le méteil ont lieu un peu plus tard, et seulement en octobre.

Au commencement d'octobre, on fait aussi les labours pour *les coupages* de printemps, seigle, avoine et vesces d'hiver. Quand les semailles d'hiver sont terminées, les cultivateurs se hâtent d'exécuter les labours pour les céréales de printemps : orge, avoine. Ces travaux ne sauraient être faits trop tôt.

Lorsque l'hiver est pluvieux, l'on est souvent forcé d'attendre jusqu'en mars pour labourer les champs mouillés.

Ces contre-temps, toujours fâcheux, n'ont jamais lieu pour les terres drainées. Avant, pendant et après les semailles de printemps, viennent les labours pour *coupages d'été* : vesces et avoine.

Les maïs se sèment en juin et en juillet pour être coupés en septembre, octobre, novembre et même décembre.

En 1865, le bétail de la Morlière mangea du maïs jusqu'au 20 décembre. Bien qu'il eût été gelé dans le courant de novembre, tous les animaux s'en montrèrent très-friands jusqu'à la fin.

Emploi de la herse, du rouleau, etc. — La grande herse triangulaire sert à rabattre les billons, la petite herse à enterrer les semences, le rouleau à briser les mottes et à tasser les terres boursoufflées par la gelée.

La grande herse coûte 60 fr.; la petite, 20 fr. Le rouleau en bois dont nous usons, de 12 à 15 fr.

Semis.

Nous semons à la main. Les semences sont enfouies sous

raie. Nous les passons au sulfate de cuivre pour les préserver de la carie, vulgairement *fouèdre*.

Quantités. — 1 hectolitre 2/5 à l'hectare pour les terres sèches ou drainées; dans les terres mouillées, 1 hectolitre 4/5, quelquefois jusqu'à 2 hectolitres.

Époque des semailles. — Du 1er octobre au 15 novembre pour les blés; de la fin de février à la fin de mars pour l'avoine et l'orge.

Entretien et culture des plantes pendant leur croissance. — Nous sarclons, nous hersons les froments et nous les roulons.

Moisson.

Énumération des instruments employés sur le domaine. — Époque de la moisson. — Faux, faucilles. On commence à moissonner vers le 20 juillet.

Fenaison.

Arrachage et récolte des racines. — La fenaison commence vers le 1er juin et se termine à la fin de juillet.

Les carottes, pommes de terre, betteraves se déterrent en septembre.

Préparation et conservation des produits.

Granges ou meules. — Nous ne faisons des meules qu'après avoir rempli les granges.

Nous nous servons des batteuses Bodin et Lootz, qui coûtent de 600 à 800 fr.

Nettoyage des grains. — Par le tarare et le van.

Leur conservation. — Nous ne connaissons pas d'autre moyen de conserver les grains que de les mettre dans des greniers bien aérés et de les faire remuer souvent par le temps sec. Cette pratique les préserve du charançon jusqu'au retour des chaleurs. Dès que le soleil, en agissant sur nos toits en ardoises, rend les greniers brûlants, il faut vendre, sous peine de voir les monceaux se transformer en véritables fourmilières. Ceci nous empêchera toujours de constituer des réserves.

Le charançon n'attaque le sarrasin qu'à défaut d'autres grains.

Nous avons constaté que les céréales sont moins attaquées par le charançon dans les greniers couverts en bardeau; le bois étant plus mauvais conducteur de la chaleur que l'ardoise, la température y est plus basse.

Moyens employés pour la conservation des racines. — Nous les serrons dans les celliers et nous les couvrons de paille, pour qu'elles ne gèlent pas.

Entretien des prairies.

Nous employons rarement le fumier pur sur les prés. Nous le mélangeons avec des terreaux préparés deux et trois ans à l'avance. — Plus ils sont vieux et meilleurs ils sont.

Quand nous avons eu à supprimer des buttes ou des petits monticules dans les prairies que nous nivellions, nous disposions en tas la terre qu'on devait enlever pour dresser la surface, nous y mêlions le fumier, nous réduisions le compost à l'état pulvérulent par plusieurs battages successifs, et dans le courant de novembre nous étendions sur les prés.

De la sorte, les terres du nivellement servent à constituer les composts, et il suffit d'un charroi au lieu de deux pour niveler et épandre l'engrais.

Nous préférons de beaucoup l'emploi du fumier mélangé avec de la terre, à celui du fumier pur : avec la même quantité de fumier on peut engraisser une étendue triple, et les effets sont plus durables et plus importants.

Ce fait a deux raisons d'être : au point de vue chimique, la terre, et la terre forte surtout, absorbe et retient l'ammoniaque des fumiers; au point de vue physique, la terre du compost, en recouvrant le collet des herbes, les place dans de meilleures conditions de végétation.

Nous nous servons pour répandre les purins du tombereau en fonte de M. Bodin. Cet excellent instrument coûte 650 fr. Il eût été trop cher pour notre agriculture, que nous tenons à rendre très-économique, si nous n'avions eu la possibilité de le faire servir sur plusieurs métairies.

Maladies des plantes. — La pomme de terre a été malade sur nos métairies comme ailleurs. Nous ne connaissons aucun moyen de prévenir sa maladie, mais nous avons remarqué qu'elle était moins atteinte dans les terres neuves ou de défrichements.

Arbres à cidre.

Culture. — Fabrication. — Nous avons sur chaque exploitation une pépinière où l'on prend les sujets qui remplacent les vieux arbres improductifs.

Nous ne plantons plus au milieu des champs : les pommiers ainsi placés rendent les labours difficiles et nuisent aux récoltes.

Pour fabriquer le cidre, nos cultivateurs pilent ou écrasent les fruits, les disposent sur le lit du pressoir en couches successives, liées entre elles par de la paille, pressurent et recueillent le jus dans les barriques. Après la fermentation l'on procède au soutirage, puis on livre à la consommation.

Le marc sert à nourrir les porcs et les bêtes à cornes pendant l'hiver.

Nous fabriquons de l'eau-de-vie très-saine et très-forte avec les lies, les cidres gras et ordinaires.

Lorsqu'il y a une grande abondance de fruits plusieurs années de suite, et que l'on manque de tonneaux vides, il est très-avantageux de distiller le vieux cidre pour faire place au nouveau. On conserve ainsi sous un petit volume l'équivalent d'une grosse récolte, et l'on remplit immédiatement tous ses fûts. L'appareil dont nous nous servons revient à 300 fr.

Nous profitons des mêmes circonstances favorables pour faire des poirés et des pommés cuits; voici notre recette : on verse le cidre dans une grande chaudière bien nettoyée, et l'on fait bouillir. Lorsque l'épaississement commence par suite de la réduction, on remue continuellement pour empêcher le résidu de prendre au fond du récipient. La cuisson est longue; elle est complète quand la préparation, colorée en brun, a pris la consistance d'une purée. A ce moment, on empote sans laisser refroidir. Cette confiture, un peu âpre au goût, est agréable en été. Dans les grandes chaleurs, elle réveille l'appétit; et, généralement, les cultivateurs la préfèrent au beurre. Si l'on tient à corriger son acidité, il suffit d'y mêler quelques livres de cassonnade et un peu de cannelle. Nos métayers ne laissent jamais échapper l'occasion d'en faire une forte provision.

Nous faisons encore d'excellent vinaigre avec du poiré sans eau. Il suffit, pour faire aigrir, de monter le tonnelet dans un grenier très-chaud.

Ces produits, eau-de-vie, poirés et pommés cuits, vinaigre, ont obtenu une mention à l'exposition régionale de Laval.

Chevaux.

Nos chevaux sont de race percheronne, bien qu'ils aient dans les veines, à divers degrés, du sang anglais, arabe et mecklembourgeois.

A QUEL AGE LE MALE SAILLIT-IL? — A QUEL AGE FAIT-ON SAILLIR LA JUMENT? — Le mâle saillit à trois ans, la jument est couverte au même âge.

QUEL EST LE PRIX D'UN ÉTALON DE QUATRE A CINQ ANS; D'UN CHEVAL HONGRE DE DEUX, TROIS, QUATRE, CINQ ET SIX ANS; D'UNE JUMENT A DIVERS AGES; D'UN POULAIN DE SIX MOIS, UN AN, DIX-HUIT MOIS? — Il est difficile de répondre mathématiquement à chacune de ces questions. La valeur des chevaux varie avec le cours, change en raison du développement qui s'arrête ou se produit, des qualités ou des tares qui apparaissent. Il nous est arrivé, par exemple, de refuser 500 fr. d'un poulain de six mois, que nous avons vendu 450 fr. à six ans.

Nous avons vendu des étalons depuis 550 fr. jusqu'à 1,200 fr., et des chevaux hongres de 450 à 800 fr.

Les poulinières sont aussi chères; elles valent, à quatre ans, depuis 600 fr. jusqu'à 1,200 fr.

SI L'ON ÉLÈVE, COMMENT AGIT-ON? — Le poulain tète sa mère pendant trois à quatre mois, puis on ajoute à sa nourriture herbacée une petite ration de son, d'orge concassée ou d'avoine.

DÉBOUCHÉS. — La Normandie et Paris.

QUELLE EST LA CONSTRUCTION DES ÉCURIES? — Les écuries sont bâties en pierres avec mangeoires en granit. Elles sont aérées.

QUELLE EST L'ALIMENTATION OU NOURRITURE HABITUELLE DES CHEVAUX DE DIFFÉRENTES RACES AUX ÉPOQUES DIFFÉRENTES DE LEUR VIE? — Aussitôt que le poulain est sevré, c'est-à-dire à partir de trois à quatre mois, sa nourriture ne change guère : en hiver, elle se compose de foin et de carottes; en été, de fourrages verts; à l'époque des grands travaux, battage et labourage, on donne une ration d'avoine et du son pour barboter.

Comment prépare-t-on les aliments? — Au moment de la fenaison, nous avons le soin de mêler, dans les prés, avec le foin fraîchement fauché, la paille d'orge, d'avoine ou de froment que nous avons pu économiser sur la provision de l'année précédente.

On devine aisément que cette paille, fanée avec le foin tout vert, en prend le parfum et constitue un mélange bien supérieur à celui qu'on pourrait opérer à sec dans la grange.

Au retour du printemps, pour ne pas changer brusquement le régime, les métayers mélangent *les coupages verts* avec le foin qui leur reste. Les chevaux passent ainsi graduellement de la nourriture sèche à la verte et sont moins sujets aux tranchées.

Le son, l'avoine et l'orge, toujours concassées, les carottes divisées par le coupe-racines, sont versés dans les mangeoires en granit.

Nous trouvons ces mangeoires en granit préférables à toutes les autres. Elles empêchent les chevaux de tiquer et sont indestructibles. Elles coûtent posées, avec leurs consoles, 8 fr.

Moulin. — Nous avons fait installer un moulin avec lequel nos métayers font eux-mêmes leur farine et concassent tous les menus grains pour les rations. Nous réalisons ainsi une grande économie. Les meuniers ne nous exploitent plus ; et pendant les temps de neige et de grandes pluies, nous utilisons des forces qui resteraient improductives à l'écurie. En outre, le cheptel bénéficie de toutes les issues. La farine que nous obtenons est belle, et le pain en est blanc et très-goûté. Ce moulin nous revient à 1,700 fr.

Combien de repas? — Trois : le matin, à midi, et le soir.

Indiquer la consommation par jour suivant les saisons. — En hiver, 15 kilogrammes de foin; en été, 30 kilogrammes de fourrages verts.

Ces quantités diminueront en raison de l'avoine, du son ou de la farine qu'on donnera.

Pansements et soins. — Les chevaux sont étrillés et brossés après chaque travail.

Dépenses. — La nourriture d'un cheval peut être évaluée, en moyenne, à 330 fr. par an.

A quels travaux emploie-t-on le cheval? — Le cheval fait tous nos travaux de culture, de transports de chaux, de fumier, etc., etc.

Combien fournit-il de travail en moyenne et par jour? — Le cheval de ferme mâle ou femelle ne donne guère que la moitié du travail fourni par le cheval de roulier. La nourriture verte qu'il a pendant la moitié de l'année ne lui permettrait pas de faire plus sans danger pour sa santé et sa durée.

A quel age commence-t-il a travailler? — A dix-huit mois on l'attelle pour l'habituer à obéir; mais on le ménage jusqu'à trois ans. Les juments pleines sont l'objet des mêmes soins.

Taureaux, bœufs ou vaches.

Notre bétail à cornes ne travaille jamais. Nous ne vendons pas de veaux aux bouchers.

A quel age vend-on les animaux d'élève? — Les bœufs, de trois ans à trois ans et demi;

Les génisses, quand elles s'apprêtent à véler.

Quelle est la quantité de lait donnée en moyenne par vache de chaque race? — Huit litres. — La race mancelle n'est pas bonne laitière, la race durham ne vaut guère mieux, et la sous-race durham-mancelle se ressent, sous ce rapport, de son origine.

Quelle est la dépense exigée par la vache pour fournir une quantité donnée de lait? — Pour donner huit litres de lait, il faut qu'une vache mancelle mange 20 kilos de foin environ.

Je ferai remarquer à ce propos qu'avec notre système de métayage nous n'avons pas intérêt à constituer une race très-laitière, comme la race normande, par exemple. Notre industrie consiste à élever, et non à vendre du lait. Il suffit que nos vaches puissent nourrir leurs veaux et ceux que nous achetons aux bouchers ou aux marchands de lait, dans la proportion d'un pour quatre vaches. Nous élevons de la sorte dix veaux sur une métairie possédant huit vaches laitières.

Le progrès agricole consiste pour nous à avoir une race aussi précoce que possible, dont les sujets nous permettent de rentrer rapidement dans nos déboursés. C'est le motif pour lequel nous préférons le durham, qui se développe et engraisse promptement, aux races plus tardives et plus laitières.

Nous adopterions le système contraire si nous vendions du lait.

Quelle est la dépense quotidienne ou moyenne pour une vache? — 20 kilogrammes de foin, représentant l'alimentation moyenne et ordinaire.

Fabrique-t-on du beurre? — Oui, mais seulement pour les besoins de la ferme et pour la redevance du propriétaire. En dehors de ces conditions, nous proscrivons cette industrie de la façon la plus absolue. Elle est incompatible avec l'élevage. Les métayers qui font ce commerce sèvrent les veaux de trop bonne heure pour avoir la disposition du lait, et par cela même n'ont jamais de beaux élèves.

Son prix moyen est de 2 fr. 50 le kilog. non salé, et de 2 fr. salé.

Combien, en moyenne, faut-il de litres de lait pour 1 kilogramme de beurre? — La crême de 40 litres.

Combien se vend le lait de beurre? — Il se consomme sur les métairies.

Décrire avec soin le mode de traite, la consommation du lait, son transport au marché; la fabrication du beurre, sa consommation, son mode de vente. — La traite est faite par la métayère, ses filles ou ses servantes, dans un chaudron en ferblanc ou en cuivre; le lait est passé, mis dans des pots évasés, percés à la base d'un petit trou que l'on ferme avec un bouchon. Quand la crême est montée, on fait écouler le petit lait par le trou du pot, et l'on verse la crême dans un autre vase. La crême levée sur le lait aigre est plus abondante que celle du lait doux, mais elle a moins de qualité.

Le petit lait ne se vend pas, il sert à la nourriture du personnel ou à celle des porcelets.

Le beurre se fabrique dans une baratte en grès, fermée par un couvercle en bois dans lequel se meut un piston également en bois. Cette baratte est très-répandue, parce qu'elle est très-facile à nettoyer.

Pour procéder à la fabrication, on place la crême dans la baratte; on la bat en imprimant au piston un mouvement de va-et-vient; au bout de 30 minutes, le beurre se sépare en grumeaux. On le retire de la baratte et on en extrait le lait, en le battant dans une gamelle au moyen d'une grande cuiller en bois.

Pour le conserver, on le pétrit en le saupoudrant de sel marin. Quand il est salé, on le met dans des grands pots en grès, à ouverture étroite; on l'y tasse fortement pour qu'il n'y ait pas de vides, on le recouvre d'une couche de sel d'un centimètre d'épaisseur, et on ferme le pot avec un morceau de toile propre. Ce beurre, moins estimé et moins cher que le frais, est encore très-bon quand il a été bien préparé. On l'emploie dans la cuisine commune.

Nous ne fabriquons pas de fromage.

Engraisse-t-on des bœufs et des vaches? — Oui.

A quel age? — Les vieilles vaches quand elles ne veulent plus emplir; les jeunes quand elles sont ribaudes.

Nous engraissons nos bœufs, ordinairement, de trois ans à trois ans et demi.

Prix moyen des animaux avant d'être mis a l'engrais. — Les jeunes vaches ribaudes, 150 à 200 fr.; les bœufs, 700 fr. la paire.

Alimentation. — Nourriture. — Soins. — En été, coupages de vesces et d'avoine, maïs pour les préparer. Pour les finir, pommes de terre cuites, orge concassée, farine de seigle et de froment provenant des vanailles ou déchets, ou même du bon grain quand il n'est pas cher.

Paturent-ils? — Toutes les fois que nous avons des regains.

Prix moyen des animaux engraissés. — Les vaches, 300 fr.; les bœufs, 1,000 fr. la paire.

D'ou viennent les animaux maigres? — A quelles races appartiennent-ils? — Nous élevons et nous n'achetons pas.

Accidents qui surviennent pendant l'engrais de tous les animaux ci-dessus désignés. — Maladies habituelles. — Moyens préventifs ou curatifs. — Pendant l'engraissement, les animaux sont sujets aux coups de sang. Il est bon, à cause de cela, de ne pas modifier leur régime trop brusquement, et d'améliorer graduellement leur alimentation. A cette période de leur existence, le métayer redouble de surveillance et les saigne aussitôt qu'il aperçoit un symptôme alarmant, tel que de la tristesse ou le manque d'appétit.

Nos animaux, logés dans des étables saines et bien aérées, sont rarement malades. Nous avons parfois des cas de météorisation, que nous faisons disparaître en donnant de l'ammoniaque.

La pisserie de sang n'est pas fréquente; nous n'y connaissons pas de remède : nous vendons immédiatement la bête qui en est atteinte.

Décrire les améliorations de tous genres obtenues ou essayées depuis un certain temps. — 1° Acquisition de durham purs;

2° Croisements de la race mancelle avec la race durham;

3° Clôtures supprimées sur une longueur de 6,990 mètres;

4° Défrichements, 24 hectares 33 ares 50 centiares;

5° Ruisseaux ouverts, 6,000 mètres;

6° Tranchées de drainage, 15,340 mètres;

7° Prairies nivelées, superficie, 3 hectares;

8° Chemins ouverts et macadamisés, 4,190 mètres;

9° Chemins supprimés, 930 mètres;

10° Clôtures ou haies rétablies, 2,870 mètres;

11° Superficie rendue à la culture : 4 hectares 12 ares, qui s'obtient en multipliant 4,120 mètres, différence entre les clôtures abattues et celles qui ont été refaites, par 10 mètres, largeur moyenne du terrain perdu ou occupé par nos haies.

Nous n'avons ni moutons ni chèvres. Les loups de la forêt de Mayenne ne nous le permettraient pas.

Porcs.

Race craonnaise. — Les spécimens de cette race que nous possédons jouissent d'une certaine réputation. Ils descendent de verrats primés aux expositions universelles de Paris, aux expositions régionales de Rennes, de Laval et du Mans.

Nous n'exposons plus. L'expérience nous a prouvé que, — même en cas de succès, — les médailles et les primes, que nous abandonnons toujours aux métayers, sont insuffisantes à les dédommager de la perte qu'ils subissent en s'éloignant plusieurs jours de leur exploitation, et en laissant leurs travaux sans direction et leurs domestiques sans surveillance.

Nous ne sommes pas un partisan exclusif de la race craonnaise; mais nous la conservons, parce que, grâce à une certaine notoriété que nous avons acquise dans les concours, nous la vendons au-dessus du cours ordinaire.

Oiseaux de basse-cour.

Nous élevons des oies, et dans toutes les métairies nous prenons la moitié de la jeune bande et de la plume vive.

Le kilogramme de plume vive se vend de 14 à 16 fr.; le kilogramme de plume morte, seulement 8 fr.

Le bénéfice que procurent les oies n'est pas grand. Il n'existe même qu'à la condition de les empêcher de pâturer dans les prairies, où elles tondent l'herbe de trop près et nuisent à la pousse des foins.

Une oie maigre vaut de 2 fr. 50 à 3 fr.; grasse, de 50 c. à 60 c. la livre. La graisse en est estimée.

Quand elles deviennent trop dures pour être rôties, nous en fabriquons des conserves ou rillettes, — façon de Tours, qui font un excellent manger.

Canards. — L'élevage des canards n'a pas grande importance.

Un canard maigre se vend en moyenne 1 fr. 50, et 3 fr. quand il est gras.

Poules. — Le prix moyen des poules, poulets et chapons, est à peu de chose près celui des canards. La plume de poule et de canard n'a pas la même qualité que celle d'oie. Néanmoins, les métayers l'emploient à faire des couettes.

Les œufs valent 60 c. la douzaine en été, et le double en hiver.

En résumé, nous trouvons que l'élevage des volailles doit

être très-limité. Pour qu'il soit productif, il faut que les oies, les canards et les poules vivent dans les chemins, dans l'aire et dans les cours, en profitant de toutes les graines qui seraient perdues.

Si l'on donne trop d'extension à cette industrie de la basse-cour, il n'y a plus de bénéfice. Toutes ces volailles s'abattent sur les champs voisins de la maison et coûtent beaucoup plus qu'elles ne rapportent. Elles perdent plus de grain qu'elles n'en consomment.

Comptabilité.

Notre système de comptabilité est très-simple.

Nous inscrivons les déboursés en face des rentrées. A la fin de l'année, qui a lieu au 1er novembre, nous retranchons les déboursés des rentrés, et nous avons le bénéfice net ou revenu, déduction faite de l'impôt foncier, que le propriétaire et le métayer paient par moitié. Les assurances mobilière et immobilière sont à la charge de l'exploitant.

La Morlière.

Inventaire en 1875	9,000 fr.	
Inventaire en 1876	9,500	
Recettes et dépenses en 1876	3,034	50
	942	70

La Grande-Courplée.

Inventaire en 1875	7,500 fr.	
Inventaire en 1876	8,050	
Recettes et dépenses en 1876	3,387	05
	621	39

La Petite-Courplée.

Inventaire en 1875	5,000 fr.	

Inventaire en 1876..............	5,200	
Recettes et dépenses en 1876.....	2,631	10
	925	19

La Charpenterie, *métairie située dans la commune de la Bazouge-Montpinçon.*

Renseignements Généraux.

CONFIGURATION DU SOL. — Plat.

CONSTITUTION DE LA COUCHE ARABLE, DU SOUS-SOL.

Première fouille de 2 mètres.

1° Terre végétale........................	0m	20c
2° Argile blanche........................	0	70
3° Sable graveleux........................	1	10

Deuxième fouille.

1° Terre végétale........................	0m	20c
2° Granit en décomposition............	0	60
3° Granit ou argile jaune mêlée de sable.	1	20

Troisième fouille.

1° Terre végétale........................	0m	30c
2° Argile blanche........................	0	50
3° Argile rouge........................	1	20

EAUX ET MARAIS. — Il n'y a pas de marais. Les eaux s'écoulent par le ruisseau de la Charpenterie, qui se jette dans l'Aron, un des affluents de la Mayenne.

LES SOURCES SONT-ELLES FRÉQUENTES? — Oui.

NATURE DES EAUX. — « *Eau de La Charpenterie :* Le repos pendant plusieurs jours amène, dans l'échantillon sur lequel nous avons opéré, un dépôt argilo-sableux qui atteint 51 milligrammes par litre. Maintenue en ébullition jusqu'à réduction au quart de son volume, elle prend une légère odeur vaseuse. L'addition de soude caustique ne colore pas la liqueur, mais il y a des traces d'ammoniaque dégagées. — Elle renferme donc un peu de matière organique azotée.

« L'oxalate d'ammoniaque et le phosphate de soude, après addition d'une goutte d'ammoniaque, accusent la présence de la chaux et de la magnésie en quantités appréciables. Le chlore est également révélé par l'azotate d'argent.

« L'eau de La Charpenterie marque trois degrés à l'hydrotimètre. Ils correspondent à 18 milligrammes de chlorure de sodium, 9 milligrammes de carbonate de magnésie et 10 de carbonate de chaux par litre. »

DÉBOUCHÉS. — *Distance des marchés.* — 8 kilomètres de Mayenne, route passable.

Renseignements Spéciaux.

ÉTENDUE DU DOMAINE.

	hect.	ares	cent.
Sol, issues, jardins.............	»	72	30
Prés.........................	7	80	50
Champs......................	32	43	60
Terres incultes..................	»	3	40
Total...............	40	99	80

IMPORTANCE DU CAPITAL EMPLOYÉ SUR LE DOMAINE.

Cheptel.

Inventaire en 1875.................	8,050 fr.
Inventaire en 1876.................	8,250
Outillage appartient au métayer.......	2,400 fr.

COMMENT SE RÉPARTISSENT LES TERRES DU DOMAINE ENTRE LES DIVERS EMPLOIS? — 7 hectares 80 ares 56 centiares de prairie; 32 hectares 43 ares 60 centiares de terres labourables, dont l'assolement est par tiers, comme il a été expliqué.

DESSÈCHEMENTS. — DRAINAGE. — TRAVAUX.

Tranchées de drainage...............	5,000 mètres
Ruisseaux..........................	1,000
Surfaces assainies par drainage.........	15 hect. 13 ares
Surfaces assainies par ruisseau.........	5 54
Total.......	20 hect. 67 ares

Haies abattues..........................	745 mètres
Haies refaites..........................	110
Différence.......	635 mètres

Térrain rendu à la colture par suppression de clôtures : 635 × 10 = 6,350 mètres, ou 63 ares 50 centiares.

Rigoles d'irrigation, 500 mètres.

Surfaces arrosées, 4 hectares.

Résultats. — Plus-value du sol, rendements supérieurs, facilité d'exécuter les divers travaux, diminution des semences nécessaires aux emblavures.

Irrigation. — 500 mètres de rigoles. (Voir les plans de drainage.) Surfaces arrosées, 4 hectares.

Comptabilité.

REVENU.

Inventaire en 1875...............	8,050 fr.	
Inventaire en 1876...............	8,250	
Recettes et dépenses en 1876.....	4,072	25
	802	47

La Jumelière, en Châtillon-sur-Colmon.

Renseignements Généraux.

Configuration du sol. — Les champs sont peu accidentés ; les prairies ont une pente plus rapide.

CONSTITUTION DE LA COUCHE ARABLE, DU SOUS-SOL.

Première fouille de 2 mètres.

1° Tourbe en décomposition...............	0m	30c
2° Sous-sol, tourbe.......................	0	25
3° Glaise mélangée de quartzite...........	0	90
4° Roc pourri..........................	0	55
	2m	00c

Deuxième fouille

1° Terre végétale......................	0m	15c
2° Glaise argileuse.....................	0	60
3° Glaise pure.........................	0	60
4° Sable granitique.....................	0	65
	2m	00c

Troisième fouille.

1° Tourbe..............................	0m	80c
2° Glaise..............................	0	30
3° Sable granitique mélangé de glaise......	0	90
	2m	00c

Eaux et marais. — Les prairies sont arrosées par un ruisseau qui se jette dans le Fauconnier au moulin de Gâté. Ce petit cours d'eau est formé par plusieurs sources, par le débit de nos drainages et les pluies.

Marais. — Toutes les parties basses des prairies de La Jumelière formaient, avant le drainage, un marais assez étendu et dangereux pour les bestiaux, qui s'y enfonçaient en essayant de passer sur les fondrières.

Les sources sont-elles fréquentes? — Très-fréquentes et très-vives. Nous en rencontrions partout en drainant. Il suffit de voir le débit des différentes bouches des collecteurs pour se convaincre des difficultés que nous avons eu pour les prendre toutes dans les tranchées.

Nature des eaux. — « *Eau de La Jumélière :* Reste parfaitement limpide et inodore après plusieurs jours de repos, et ne produit aucune trace de dépôt.

« Elle ne contient point de matières organiques, ni de sels de chaux ou de magnésie; mais elle renferme 30 milligrammes de chlorure de sodium par litre, et marque 2 degrés 5 à l'hydrotimètre.

« Sa saveur est agréable, bien qu'elle soit peu aérée. »

Débouchés. — *Distance des marchés.* — 10 kilomètres de Mayenne; 14 kilomètres d'Ernée.

La route nationale n° 135, d'Ernée à Mayenne, dite d'Orléans à Saint-Malo, traverse la métairie. On se rend de La Jumélière à cette route par un chemin de 310 mètres que nous avons fait sur notre terrain et à nos frais.

Renseignements Spéciaux.

ÉTENDUE DU DOMAINE.

Prés	10 hectares.
Terres labourables	25
Total	35 hectares.

IMPORTANCE DU CAPITAL EMPLOYÉ SUR LE DOMAINE.

Cheptel.

Inventaire en 1875	**6,000 fr.**
Inventaire en 1876	**6,275**
Outillage	**2,000 fr.**

Comparaison avec le capital d'exploitation des autres domaines.

La valeur du bétail de La Jumélière s'est élevée en même temps que les fourrages devenaient plus abondants et meilleurs par suite du drainage. Elle doit être supérieure à la moyenne des cheptels que possèdent les exploitations voisines, puisque en desséchant nos prairies, nous avons placé les animaux dans de meilleures conditions d'alimentation et d'hygiène.

DESSÈCHEMENTS. — DRAINAGE. — TRAVAUX.

Tranchées de drainage................	4,054 mètres.
Ruisseaux à ciel ouvert................	825
Rigoles d'irrigations...................	1,135

Surfaces arrosées, 4 hectares.

Surfaces assainies par drainage.	Prés....	5 hect. 50 ares.
	Champs.	3 89
	Total............	9 hect. 39 ares.

Chemins ouverts et empierrés, 610 mètres.

Haies abattues..........................	3,715 mètres.
Haies refaites..........................	320
Différence.......	3,395 mètres.

Terrain rendu à la culture par suppression de clôtures : $3,395 \times 10 = 33,950$, ou 3 hectares 39 ares 50 centiares.

Défrichements, 1 hectare 60 centiares.

Nivellements, 7 hectares.

Nous avons eu de grandes difficultés à vaincre pour drainer les prairies de La Jumélière. D'abord, chose toujours fâcheuse, nous débutions et nous n'avions pas l'expérience de ce genre d'amélioration; ensuite, nous opérions sur le terrain le plus difficile que nous ayons trouvé.

Après avoir pris toutes les précautions recommandées par

les hommes de l'art pour asseoir solidement les tuyaux, nous crûmes un instant à la réussite du travail. Nous avions compté sans les tassements. Au bout de six mois, toutes les tranchées établies sur un sous-sol non-résistant étaient obstruées, nos prés nous coûtaient 2,000 fr. de plus et ne valaient guère mieux.

Malgré cet essai, en grande partie infructueux, nous avions acquis la certitude que le drainage était une excellente chose, puisqu'il avait transformé la végétation partout où les tranchées fonctionnaient. Notre insuccès ne devait donc pas être attribué au drainage, mais aux procédés défectueux que nous avions employés.

Pour réussir, il fallait trouver le moyen de conserver un écoulement permanent dans des tranchées établies sur un terrain mou. L'idée nous vint d'utiliser pour cet emploi des cordes de châtaignier. Nous fîmes aussitôt remplacer les tuyaux par des fascines. Pendant plusieurs années, l'écoulement des eaux fut régulier, le dessèchement complet. Malheureusement, le bois vint à pourrir et l'humidité reparut. Il fallait drainer une troisième fois. C'est alors que nous employâmes la pierre cassée, avec laquelle nous n'avons jamais eu besoin de réparations.

SURFACES ASSAINIES.

	hect.	ares.	
Prés....................	5	50	par drainage.
Champs................	3	89	—
Total.......	9	39	

Résultats. — *Disparition de la fièvre.*

Dans les prairies, produits plus abondants et de qualité supérieure;

Dans les champs, labours plus faciles, récoltes plus considérables avec moins de semences.

Bétail plus nombreux.

IRRIGATION. — Rigoles d'irrigation, 1,135 mètres. — Surfaces arrosées, 4 hectares.

COMMENT ARROSE-T-ON? — Par irrigation proprement dite, avec le ruisseau qui traverse les prairies. Ses eaux sont très-bonnes ; elles proviennent de plusieurs sources qui alimentent des lavoirs, et des eaux pluviales qui lavent les cours des fermes situées sur son passage.

Nous avons fait construire pour le même usage, sous la route nationale n° 155 d'Orléans à Saint-Malo, deux aqueducs qui nous permettent de prendre toutes les eaux grasses des fossés. En outre, nous avons creusé deux lavoirs publics : le premier, sur le bord de la route d'Orléans à Saint-Malo, est alimenté par le drainage d'un champ très-sourceux ; le second se trouve à l'angle le plus élevé de la petite prairie. Ces deux pièces d'eau, qui ne tarissent jamais, sont très-fréquentées par les ménagères des environs, et leurs eaux savonneuses sont très-précieuses.

DÉFRICHEMENT.

Haies supprimées	3,715	mèt.
Haies refaites	320	
Total	3,395	mét.

Terrain rendu à la culture, 3,395 mètres × 10 = 33,950, ou 3 hectares 39 ares 50 centiares.

Comparer les plans.

Nivellements sur une superficie de 7 hectares, sans lesquels les irrigations eussent été impossibles.

Comptabilité.

REVENU NET.

Inventaire en 1875	6,000	fr.
Inventaire en 1876	6,275	
Recettes et dépenses en 1876	2,853	58
	527	92

Les Fontaines, *commune de Saint-Georges-Buttavent, section de la Chapelle-aux-Grains.*

Renseignements Généraux.

Configuration du sol. — Les prés et les champs ont une pente douce et régulière, ils sont bien exposés. La forêt de Mayenne, qui les abrite du vent du Nord, les préserve de la gelée.

CONSTITUTION DE LA COUCHE ARABLE, DU SOUS-SOL.

Première fouille de 2 mètres dans les prairies.

Terre végétale	0m	15c
Tourbe	0	70
Argile mêlée de grès blanc	1	15
Total	2m	00c

Deuxième fouille de 2 mètres dans les champs.

Terre végétale	0m	40c
Granit rouge en décomposition, mêlé de schiste et de grès	1	60
Total	2m	00c

Eaux et marais. — Cette métairie, comme son nom l'indique, possède des eaux très-abondantes. Elle est traversée par le ruisseau de Pouriette, qui prend sa source dans la forêt de Mayenne. Malheureusement, ces eaux très-belles sont détestables pour les irrigations. Elles contiennent une grande quantité d'acide tannique, qui provient des feuilles qu'elles entraînent dans leur passage à travers la forêt.

Marais. — Nous avons drainé, défriché et converti en prairie une lande très-marécageuse de 3 hectares.

Les sources sont-elles fréquentes? — Les sources sont nombreuses et excellentes. Il est fâcheux qu'elles soient situées de façon que nous ne puissions les utiliser pour l'arrosage.

Nature des eaux. — « *Eau des fontaines :* Extrêmement pure, cette eau, qui ne marque que 1 degré à l'hydrotimètre, ne dépose pas, reste inodore même après concentration par l'ébullition prolongée, et ne contient aucune trace de chaux ni de magnésie.

« Le seul sel qu'on y rencontre est le chlorure de sodium, qui s'y trouve à peine dans la proportion de 12 milligrammes par litre. »

Débouchés. — *Distance des marchés.* — 12 kilomètres de Mayenne. La route est belle, mais seulement du bourg de la Chapelle-aux-Grains à Mayenne. Il y a quelques années, elle était impraticable sur un parcours de 1,500 mètres qui sépare Les Fontaines de la Chapelle-aux-Grains. Nous nous sommes entendu avec les riverains pour la réparer, et nous l'entretenons pendant l'été. Le Conseil Municipal de Saint-Georges-Buttavent a sollicité par plusieurs délibérations le classement de ce chemin très-important pour la commune. Si l'on fait droit à sa demande, nous y gagnerons l'immense avantage de transporter facilement nos engrais, notre chaux et tous nos produits. Nous réaliserons ainsi une grande économie sur nos frais de culture.

Maintenant que nous avons mis en bon état la mauvaise partie du chemin et que la circulation y est passable, la chaux nous revient, rendue sur place, au même prix que pour les métairies ci-dessus mentionnées, mais à la condition de faire les charrois pendant la belle saison. Cette obligation résultant de la voie qui n'est pas empierrée, a l'inconvénient de forcer le métayer à effectuer ses transports de chaux dans les mois de juin, juillet, août et même septembre. C'est précisément l'époque de l'année où les travaux de la fenaison et des récoltes ne laissent plus aucun loisir. Or, dans ce cas comme dans beaucoup d'autres, il y a des avantages réels à prendre son avance. D'abord, la main-d'œuvre coûte moins cher au printemps qu'en été; ensuite, personne n'ignore plus que les composts gagnent énormément à vieillir : il s'y forme, sous les différentes influences atmosphériques, des nitrates que ne contiennent pas les composts dont le mélange est récent.

Lorsque nos métayers seront quittes des embarras momentanés que leur imposent nos améliorations, et qu'ils n'auront plus qu'à veiller aux bons préparatifs de la culture, nous ferons nos composts de chaux et de terre un an à l'avance, tant nous sommes persuadé qu'ils acquièrent des qualités chimiques en vieillissant. Quant au fumier, nous ne changerons rien à notre méthode actuelle : nous le battrons avec la chaux quelques mois avant les semailles.

Renseignements Spéciaux.

ÉTENDUE DU DOMAINE.

	hect.	ares	cent.
Jardins	»	38	20
Prés	4	73	90
Champs	18	36	40
Terres incultes mises en pré	3	82	60
Total	27	31	10

IMPORTANCE DU CAPITAL EMPLOYÉ SUR LE DOMAINE.

Cheptel.

Inventaire en 1875	3,500 fr.
Inventaire en 1876	3,700
Outillage du métayer	1,500

Comparaison avec le capital d'exploitation des autres domaines.

Bien que le cheptel de cette métairie ait augmenté, il ne doit pas être supérieur à celui des fermes voisines. Ceci s'explique. Les travaux d'améliorations sont à peine terminés et l'augmentation du bétail ne peut être que la conséquence du rendement plus abondant des prairies. Ici comme ailleurs, nous arriverons à entretenir un cheptel plus nombreux. Déjà nous élevons cinq veaux au lieu de quatre. Pour que les résultats deviennent plus saillants, il faut quelques années, et que le métayer soit débarrassé des travaux exceptionnels.

Nous rappellerons encore à ce propos que le métayage ne permet pas des améliorations aussi rapides que la culture directe : l'on compte nécessairement avec les ressources de son associé. Sans aucun doute, il faut l'aider en exécutant les travaux extraordinaires : drainage, chemins, nivellements, irrigations, qui sont la charge naturelle du propriétaire ; mais on doit, avec le même soin, se garder de le désintéresser du succès en lui faisant des avances trop considérables. En le mettant à l'abri des risques à courir, on ralentirait son activité et sa surveillance. Cette conviction est le résultat de notre expérience personnelle. Nous avons échoué plusieurs fois en voulant aller trop vite : mieux vaut marcher lentement et ne pas reculer.

COMMENT SE RÉPARTISSENT LES TERRES DU DOMAINE ENTRE LES DIVERS EMPLOIS.

	hect.	ares	cent.
Jardins	»	38	20
Prés	4	73	90
Lande mise en pré	3	82	60
Champs (1)	18	36	40
Total	27	31	10

DESSÈCHEMENT. — DRAINAGE. — TRAVAUX EXÉCUTÉS.

Chemins entretenus avec l'aide des voisins 1,500 mèt.

(1) Un tiers en froment, un tiers en orge, un tiers en trèfle et ray-grass.

Tranchées de drainage..................	1,200 mèt.
Ruisseau curé sur......................	350
Haies abattues.........................	1,315

Terrain rendu à la culture par suppression de clôtures, 1,315 mètres × 10 = 13,150, ou 1 hectare 31 ares 50 cent.

Défrichements, 3 hectares 82 ares 60 centiares. — Nivellements, 2 hectares.

Surface assainie, 6 hectares. (Voir les plans.)

Comptabilité.

REVENU NET.

Inventaire en 1875...............	3,500 fr.	
Inventaire en 1876...............	3,700	
Recettes et dépenses en 1876.....	1,698	35
	649	21

La Maugerie, métairie située en Colombiers.

Renseignements Généraux.

Configuration du sol. — Légèrement incliné vers le Nord, exposition mauvaise.

CONSTITUTION DE LA COUCHE ARABLE, DU SOUS-SOL.

Première fouille de 1 mètre 10 dans les prés.

Terre végétale........................	»^{m}	10^{c}
Tourbe................................	»	40
Glaise et sable.......................	»	60
	1^{m}	10^{c}

Deuxième fouille de 1 mètre dans les champs.

Terre végétale.....................	»m	35c
Argile et cailloux roulés..............	»	65
	1m	»»c

CLIMAT. — Plus froid qu'aux environs de Mayenne.

EAUX ET MARAIS. — Les eaux sont abondantes et bonnes. Deux ruisseaux coulent sur la Maugerie. Le plus petit prend sa source dans la prairie haute et se jette dans le plus grand, dit de la Berrinaye.

Marais. — La partie basse des prairies, si justement appelée Pré-Pourri, méritait ce nom avant d'être drainée.

LES SOURCES SONT-ELLES FRÉQUENTES? — Oui.

NATURE DES EAUX. — « *Eau de La Maugerie :* Après plusieurs jours de repos, elle laisse un très-léger dépôt sableux qui atteint à peine 45 milligrammes par litre. Elle reste complètement sans odeur, même après ébullition jusqu'à réduction à la moitié de son volume, ce qui prouve qu'elle ne contient que très-peu ou point de matière organique.

« Elle ne renferme aucune trace de sels de chaux ni de magnésie, et ne contient que peu d'air en dissolution.

« Elle marque 1 degré seulement à l'hydrotimètre de MM. Boutrou et Boudet, ce qui représente 12 milligrammes de chlorure de sodium par litre, seul sel qu'elle contienne. »

Renseignements Spéciaux.

ÉTENDUE DU DOMAINE.

	hect.	ares	cent.
Jardins..........................	»	52	60
Prés..............................	5	1	50
Champs..........................	25	84	»»
Terres incultes..................	»	19	10
Total.............	31	57	10

DÉBOUCHÉS. — *Distance des marchés.* — 24 kilomètres de Mayenne, 20 kilomètres d'Ernée, 7 kilomètres de Gorron, 10 kilomètres de Saint-Denis-de-Gâtines.

Foires et marchés.

A Mayenne : 2 janvier,
5 avril,
22 avril,
17 juin,
22 juillet,
29 août,
22 septembre,
23 novembre.
Marché le lundi et le vendredi.

A Ernée : 12 février,
28 mars,
2 mai,
19 juin,
26 juillet,
24 août,
14 septembre,
17 octobre,
17-19 décembre.
Marché le mardi.

A Gorron : 10 avril,
5 juin,
7 octobre.
Marché tous les mercredis.

A St-Denis-de-Gâtines : 25 avril,
9 mai,
11 juin,
14 juillet,

10 octobre,
12 novembre.
Marché le jeudi.

On se rend de La Maugerie à la route vicinale de Carrel à Colombiers par un chemin de 350 mètres que nous avons ouvert et que nous entretenons à nos frais. Pas un des propriétaires intéressés à cette voie n'a voulu ni ne veut contribuer à la réparer.

Après avoir traversé le bourg de Colombiers, le chemin vicinal de Carrel coupe à angle droit le chemin de grande communication n° 7 de Saint-Denis-de-Gâtines à Gorron, et va se jeter, près du pont de Brécé, dans le chemin de grande communication n° 3 de Mayenne à Gorron. Les chemins vicinaux ordinaires de Carrel à Colombiers et de Colombiers à Brécé ne sont pas bien entretenus. Les autres voies ci-dessus indiquées le sont admirablement, comme toutes celles qui sont sous la direction des ponts-et-chaussées (1).

IMPORTANCE DU CAPITAL EMPLOYÉ SUR LE DOMAINE.

Le cheptel était estimé :

Inventaire en 1875..................	5,500 fr.
Inventaire en 1876..................	5,900
Outillage de culture................	2,000

Comparaison avec le capital d'exploitation des autres domaines.

Nous ne connaissons pas le capital-cheptel des métairies

(1) Au double point de vue agricole et économique, nous nous félicitons que toutes les routes de petite et de grande vicinalité soient sous la surveillance des ingénieurs depuis janvier 1868. Certainement les tracés seront meilleurs et l'entretien moins dispendieux. (Voir sur cette question la brochure si simple et si pratique de M. Maréchal, ingénieur en chef du département.)

voisines; mais il doit être inférieur à celui de La Maugerie, dont la culture est plus avancée. Le métayer, que nous avons fait venir des environs de Mayenne, cultive beaucoup mieux qu'on ne le fait dans la commune, et il fume ses prairies. Depuis son entrée sur La Maugerie, le foin a augmenté d'un tiers, et il élève six bons veaux chaque année, alors que son prédécesseur n'en nourrissait que quatre mauvais.

Les résultats ne sont pas énormes sans doute, mais ils sont en progression croissante, et l'on doit tenir grand compte de l'état déplorable où son prédécesseur avait laissé l'exploitation. Les champs étaient remplis de chiendent, et il a fallu les nettoyer et les sarcler. Les labours étaient très-mauvais : les billons ont été cassés et redressés.

Nous ajoutons une grande importance à faire des billons complètement droits; la traction imposée à l'attelage est toujours moindre et plus régulièrement répartie quand elle a lieu en ligne droite. Le travail devient aussi plus facile.

Comment se répartissent les terres du domaine entre les divers emplois? — Prés......... 5 hect. 1 are 40 cent.
Champs...... 25 » 84

(Froment, un tiers; orge et avoine, un tiers; sarrasin, coupages, trèfle-ray-gras, un tiers.)

Amendements et engrais employés sur le domaine. — Chaux et fumier mélangés comme nous l'avons expliqué ci-dessus.

Prix de revient. — 9 fr. la pipe rendue à La Maugerie.

Dessèchements. — Drainage. — Travaux.

Chemins empierrés et refaits.......	350 mèt.
Longueur des tranchées de drainage.	2,000
Idem des ruisseaux...............	400

Surface assainie, 3 hectares. (Voir les plans.)

Irrigation. — Longueur des rigoles, 810 mètres; surface arrosée, 4 hectares.

COMMENT ARROSE-T-ON? — Nous arrosons par irrigation proprement dite, à reprise d'eau. Nous avons fait passer les eaux de la source qui alimente le lavoir dans les trois fosses à purin établies derrière les étables. De la sorte, elles emportent sur le pré tout le purin.

DÉFRICHEMENTS.

Haies abattues.................	1,385 mètres.
Haies refaites	475
	910 mètres.

Terrain rendu à la culture par suppression de clôtures : 910 mètres × 10 mètres = 9,100 mètres, ou 91 ares.

Comptabilité.

Inventaire en 1875..............	5,500 fr.	
Inventaire en 1876..............	5,900	
Recettes et dépenses en 1876.....	2,419	50
	706	87

La Porte, *métairie dans la commune de Hercé.*

Renseignements Généraux.

CONFIGURATION DU SOL. — Légèrement en pente.

CONSTITUTION DE LA COUCHE ARABLE, DU SOUS-SOL.

Première fouille dans les prés, de 1 mètre 10.

Terre végétale........................	0m	15c
Tourbe................................	0	40
Glaise, sable, cailloux roulés...........	0	55
	1m	10c

Deuxième fouille dans les champs, de 1 mètre.

Terre végétale........................	0m	30c
Argile et cailloux roulés..............	0	70
	1m	00c

Climat. — Plus froid que celui de Mayenne. Brouillards très-forts, produits par le voisinage de la Colmont ou rivière de Gorron. Gelées fréquentes.

Eaux et marais. — Les eaux sont abondantes et belles :

1° La Colmont, affluent de la Mayenne;

2° Le ruisseau des Bouillons ou de Hercé;

3° Deux ruisseaux plus petits, formés par les drainages des prairies;

4° Le fort ruisseau du Bailleul.

Marais. — Il n'y en a pas.

Les sources sont-elles fréquentes? — Très-fréquentes et bonnes.

Nature des eaux. — « *Eau de la Porte :* Elle reste parfaitement limpide et sans aucun dépôt, mais au bout de très-peu de jours elle accuse fortement la présence de l'hydrogène sulfuré; cette odeur disparaît naturellement par l'ébullition prolongée, mais l'addition de soude caustique dans l'eau concentrée au cinquième de son volume primitif produit une légère coloration d'un jaune brunâtre, qui prouve la présence d'une certaine quantité de substances organiques.

« Elle ne renferme pas trace de sels de chaux, et tient peu d'air en dissolution.

« Elle marque 3 degrés 5 dixièmes à l'hydrotimètre; l'analyse du résidu de l'évaporation complète conduit à 24 milligrammes de chlorure de sodium et 13 milligrammes de carbonate de magnésie.

Débouchés. — *Distance des marchés.* — 1,000 mètres de

Gorron, 20 kilomètres d'Ernée, 12 kilomètres de Saint-Denis-de-Gâtines, 24 kilomètres de Mayenne, 14 kilomètres d'Ambrières.

Foires et marchés.

A Gorron : 10 avril,
3 juin,
7 octobre.
Marché le mercredi.

A Ernée : 12 février,
28 mars,
2 mai,
19 juin,
26 juillet,
24 août,
14 septembre,
17 octobre,
19 décembre.
Marché le mardi.

A St-Denis-de-Gâtines : 25 avril,
9 mai,
11 juin,
14 juillet,
10 octobre,
12 novembre.
Marché le jeudi.

A Mayenne : 2 janvier,
5 avril,
22 avril,
17 juin,
22 juillet,
29 août,
22 septembre,

23 novembre.
Marché le lundi et vendredi.

A Ambrières : 8 juin,
8 septembre,
16 octobre,
13 décembre.
Marché le samedi.

Cette métairie est située sur la route n° 3 de grande communication de Mayenne à Mortain, à 13 kilomètres de la gare d'Ambrières, sur la ligne de Laval à Caen.

Renseignements Spéciaux.

ÉTENDUE DU DOMAINE.

	hect.	ares.	cent.
Jardins	»	32	70
Prés	3	96	30
Champs	22	09	50
Terres incultes défrichées	1	42	70
Total	27	81	20

IMPORTANCE DU CAPITAL EMPLOYÉ SUR LE DOMAINE.

Prisée du cheptel.

Inventaire en 1875	4,000 fr.
Inventaire en 1876	4,200
Outillage	1,500 fr.

Comparaison avec le capital d'exploitation des autres domaines.

Le capital-bétail de cette exploitation est dans la très-bonne moyenne. Il serait peut-être même supérieur à ce qui existe dans la contrée. Malgré cela, le progrès est ici plus lent que sur les autres exploitations. Le métayer est âgé, et il nous oppose une force d'inertie que nous ne sommes pas encore parvenu à vaincre.

Dans notre propagande agricole, nous commençons par le plus facile; c'est-à-dire que nous agissons d'abord sur les cultivateurs qui sont le plus disposés aux innovations, puis nous nous appuyons sur leurs exemples, sur leur réussite, pour piquer l'amour-propre des retardataires et les entraîner.

Comment se répartissent les terres du domaine entre les divers emplois? — Prés....... 3 hect. 96 ares 30 cent.

Champs.... 23 52 20

(Tiers, froment ou méteil; tiers, avoine; tiers, prairies artificielles, sarrasin, coupages.)

Amendements et engrais employés sur le domaine. — Compost de chaux et de fumier.

La chaux revient à 9 fr. la pipe. Ce prix élevé est dû à l'éloignement où nous sommes des fours à chaux de Louverné.

Le métayer de La Porte soigne parfaitement ses fumiers et possède le talent d'en faire beaucoup.

Voici le moyen qu'il emploie : il pèle des gazons dans les chemins, le long des haies, et s'en sert pour couvrir sa forme après chaque nettoyage des étables. Cette couche de gazon, d'un pied d'épaisseur environ, préserve le fumier des rayons du soleil, l'empêche de sécher et retient l'ammoniaque qui tend à s'en dégager.

Les gazons se trouvent à leur tour cachés par du fumier frais chaque fois que l'on cure les étables. L'on continue à superposer ainsi les couches de mottes sur les couches de fumier.

Nous agissons de la même manière dans les étables aussitôt qu'elles sont nettoyées; nous disposons sur le sol un lit de gazons desséchés. Ces gazons absorbent les urines qui traversent la litière. Par ce procédé, nous fabriquons sur place, à peu de frais, une grande quantité de fumier excellent.

DESSÈCHEMENTS. — DRAINAGE. — TRAVAUX EXÉCUTÉS.

Ruisseau à ciel ouvert............	90 mètres
Rigoles d'irrigation...............	1,315
Tranchées de drainage en bois.....	396
Haies abattues....................	350

Nivellements sur une superficie de 4 hectares 87 ares.

Terrain rendu à la culture par suppression de haies : $350 \times 10 = 3{,}500$, ou 35 ares.

Défrichements : 1 hectare 5 ares.

Surface assainie : 4 hectares 87 ares.

RÉSULTATS. — Comme ci-dessus. (Voir les plans.)

Irrigation.

COMMENT ARROSE-T-ON? — Par irrigation proprement dite.

SURFACE ARROSÉE. — 4 hectares 40 ares.

QUELLES SONT LES EAUX EMPLOYÉES? — Eaux de sources, de ruisseaux et de pluies. Nous irriguons avec les eaux de sources et de ruisseaux, d'après le système ordinaire, en faisant des petits barrages.

Nous avons établi deux fosses pour utiliser complètement les eaux de pluies, qui sont très-grasses et très-chargées de purin après avoir lavé la cour de la métairie. Ces deux réservoirs reçoivent le purin des étables et de la ferme, et communiquent entre eux par un noc. Nous les vidons en levant, au moyen d'une chaînette, une soupape placée à leur partie inférieure.

Pendant l'hiver, les grandes pluies emplissent ces deux fosses plusieurs fois par jour. Alors le mètayer, qui a préparé ses rigoles d'irrigation, lève les soupapes; aussitôt, par une pente très-raide qui ne leur laisse pas le temps de déposer les sels azotés dont elles sont chargées, les eaux se précipitent vers les prairies qu'elles doivent féconder.

Nous répandons ainsi sans déplacement tous nos purins avant qu'ils aient perdu de leur qualité par l'évaporation. (Voir les plans.)

DÉFRICHEMENTS. — Nous avons défriché et mis en pré : 1° une futaie de 20 ares;

2° Une châtaigneraie de 85 ares, dont la partie basse a été mise en pré et la partie haute en champ.

Comptabilité.

REVENU.

Inventaire en 1875.................	4,000 f.	
Inventaire en 1876.................	4,200	
Recettes et dépenses en 1876........	2,543	50
	959	59

RÉSUMÉ

DE TOUS LES TRAVAUX EXÉCUTÉS SUR LES DIFFÉRENTES MÉTAIRIES.

—

Drainage.

	Mètres de tranchées.
La Morlière La Grande-Courplée La Petite-Courplée	25,340
La Charpenterie	5,000
La Jumélière	4,054
Les Fontaines	1,200
La Maugerie	3,000
La Porte	500
Total	39,094

Ruisseaux à ciel ouvert.

	mètres.
La Morlière La Grande-Courplée La Petite-Courplée	4,505
La Charpenterie	1,000
La Jumélière	825
Les Fontaines	350
La Maugerie	400
La Porte	90
Total	7,170

Rigoles d'irrigation.

	Mètres.
La Morlière La Grande-Courplée La Petite-Courplée	580
La Charpenterie	500
La Jumelière	1,135
Les Fontaines	»»
La Maugerie	810
La Porte	1,315
Total	4,340

Haies abattues.

	Mètres.
La Morlière La Grande-Courplée La Petite-Courplée	6,990
La Charpenterie	745
La Jumélière	3,715
Les Fontaines	1,315
La Maugerie	1,385
La Porte	350
Total	14,500

(Voir les plans.)

Haies refaites.

	Mètres.
La Morlière La Grande-Courplée La Petite-Courplée	2,870
La Charpenterie	110
La Jumélière	320
Les Fontaines	»»
La Maugerie	475
La Porte	»»
Total	3,775

Chemins ouverts et macadamisés.

	Mètres.
La Morlière / La Grande-Courplée / La Petite-Courplée	4,190
La Charpenterie........................	»»
La Jumélière........................	610
Les Fontaines........................	1,500
La Maugerie........................	350
La Porte........................	»»
Total...........	6,650

Défrichements de landes, de taillis, de châtaigneraies.

	hect.	ares	cent.
La Morlière / La Grande-Courplée / La Petite-Courplée	24	33	50
La Charpenterie................	»	»»	»»
La Jumélière................	1	60	»»
Les Fontaines................	3	82	60
La Maugerie................	»	»»	»»
La Porte................	1	5	»»
Total de la superficie......	30	81	10

Nivellements.

	hect.	ares	cent.
La Morlière / La Grande-Courplée / La Petite-Courplée	3	»»	»»
La Charpenterie................	»	»»	»»
La Jumélière................	7	»»	»»
Les Fontaines................	2	»»	»»
La Maugerie,................	»	»»	»»
La Porte................	4	87	»»
Total...........	16	87	»»

Superficies assainies par le drainage ou les ruisseaux.

	hect.	ares	cent.
La Morlière..........................	26	79	»»
La Grande-Courplée....................	19	30	»»
La Petite-Courplée....................	24	95	»»
La Charpenterie.......................	20	67	»»
La Jumélière..........................	9	39	»»
Les Fontaines.........................	3	82	60
La Maugerie...........................	3	»»	»»
La Porte..............................	4	87	»»
Total..........	112	79	60

Terrains rendus à la culture par suppression de clôtures.

Chaque mètre de haie occupant avec ses fossés ou rendant inutile — en moyenne — un espace de 10 mètres, la superficie défrichée s'obtient en retranchant de

14,500 mètres de haies abattues
3,775 — de haies refaites

10,720 mètres;

et en multipliant par 10 mètres la différence, 10,725 × 10 = 107,250 mètres, ou 10 hectares 72 ares 50 centiares.

Si maintenant l'on additionne

ces 10 hect. 72 ares 50 cent.
avec 30 — 81 — 10

41 hect. 53 ares 60 cent.,

provenant des défrichements de taillis, landes et châtaigneraies, l'on a 41 hect. 53 ares 60 centiares pour total des divers défrichements.

CONCLUSION

Tous les travaux que nous avons exécutés ont été soldés avec le revenu et la vente des bois de chauffage provenant des défrichements, de la suppression des clôtures et des abattis pour construire.

Nous repoussons comme dangereuse la théorie qui conseille d'emprunter pour améliorer.

« Quand une industrie emprunte pour améliorer, c'est une « industrie compromise; car à la première, à la plus légère « crise, elle est obligée de liquider, et de liquider à perte. Il « n'y a de vrais progrès que ceux que font les industries en se « servant de leurs bénéfices pour se développer. »

Les résultats que nous soumettons ici au jugement du jury n'ont rien de merveilleux; mais ils sont vrais et peuvent supporter l'examen des praticiens du pays.

En résumé, avons-nous fait depuis douze ans de l'agriculture pratique et lucrative?

Nous répondrons oui, puisque nos métayers vivent dans l'aisance et commencent à acheter du 3 %.

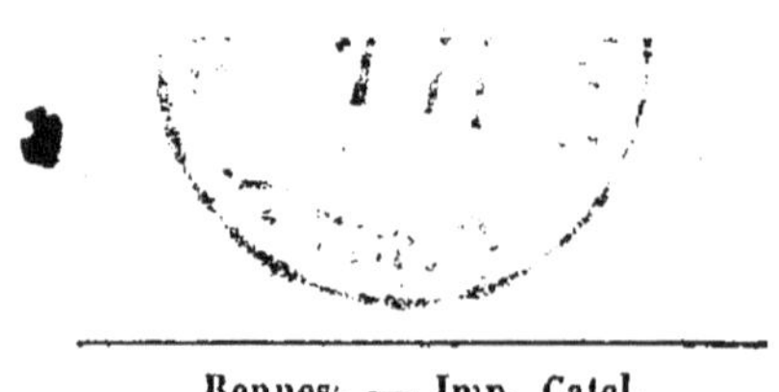

Rennes. — Imp. Catel.

MÉMOIRE

N° 2.

Planches.

Imp. Oberthur et Fils, à Rennes.

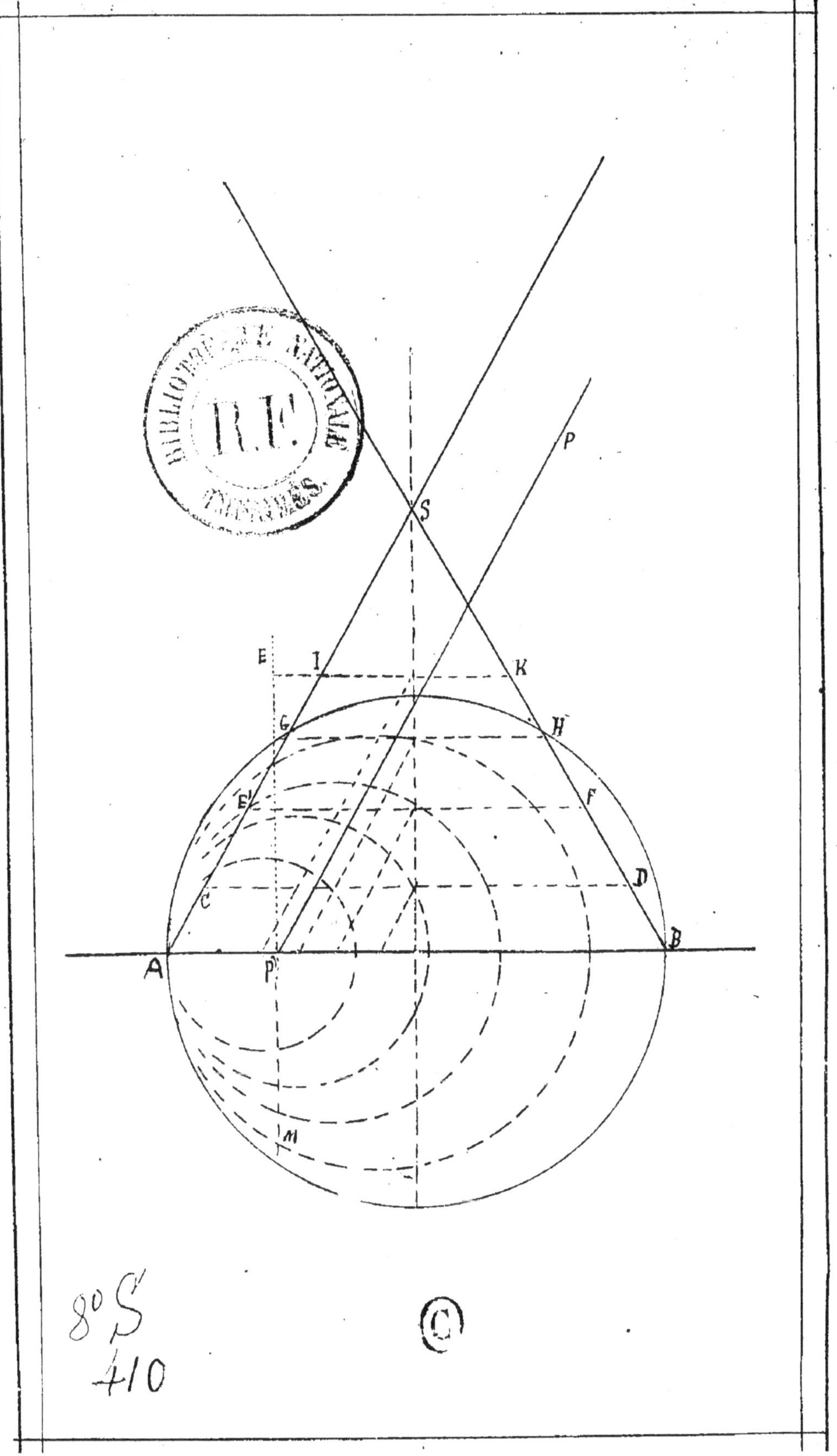
P
S
E
I
K
G
H
E'
F
C
D
A
P'
B
M

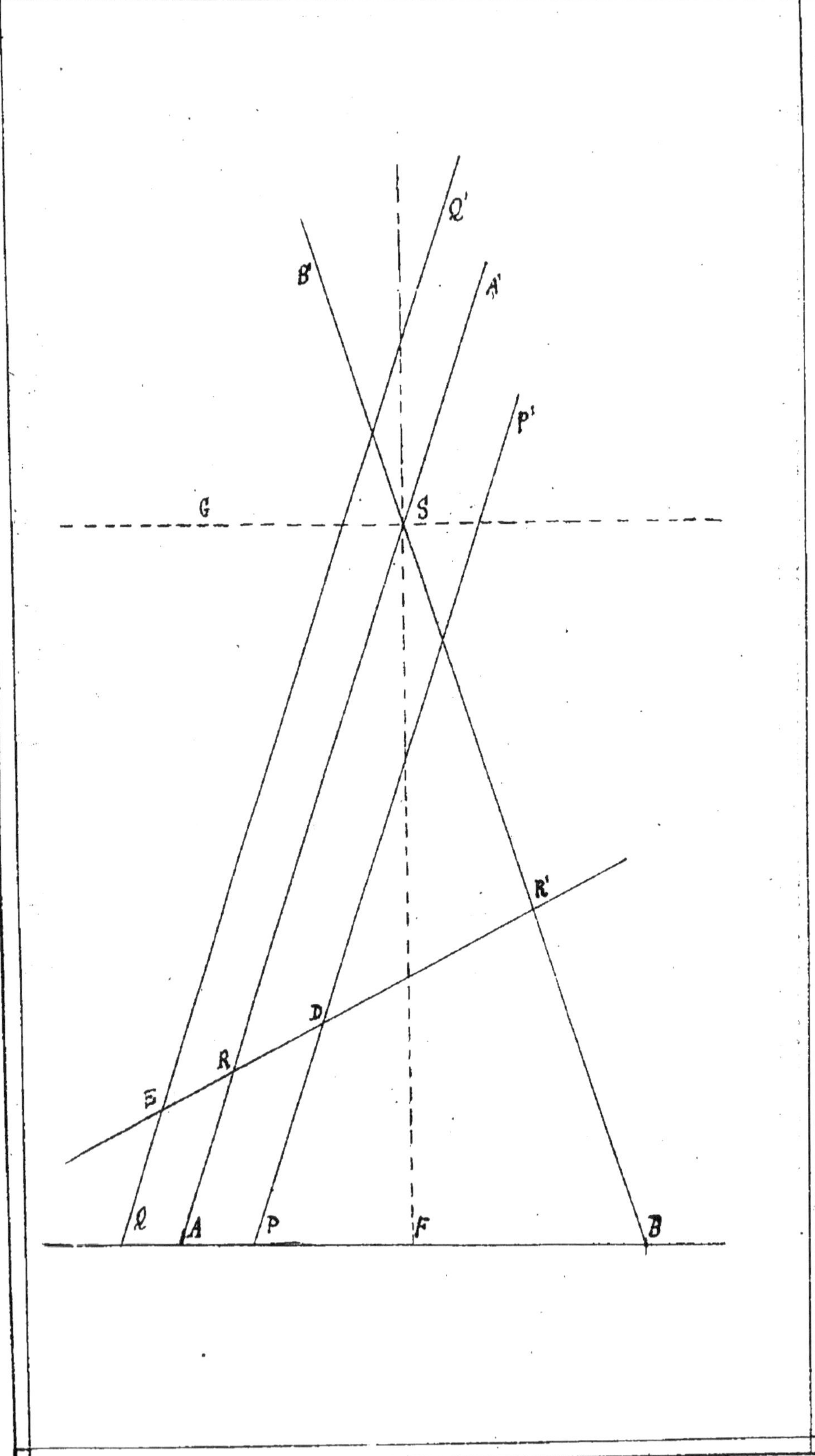

Q'
B'
A'
P'
G
S
R'
D
R
E
Q
A
P
F
B

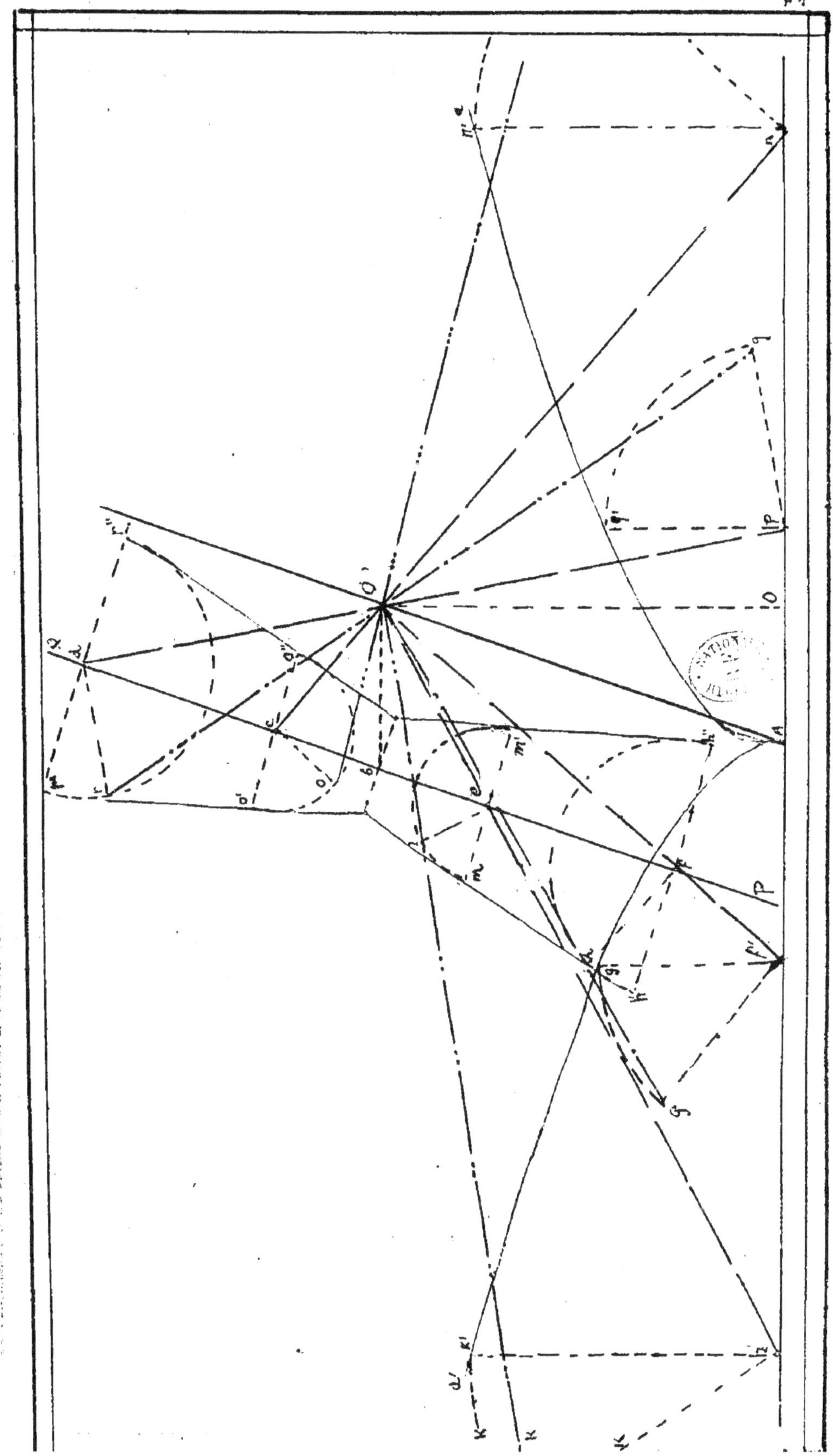

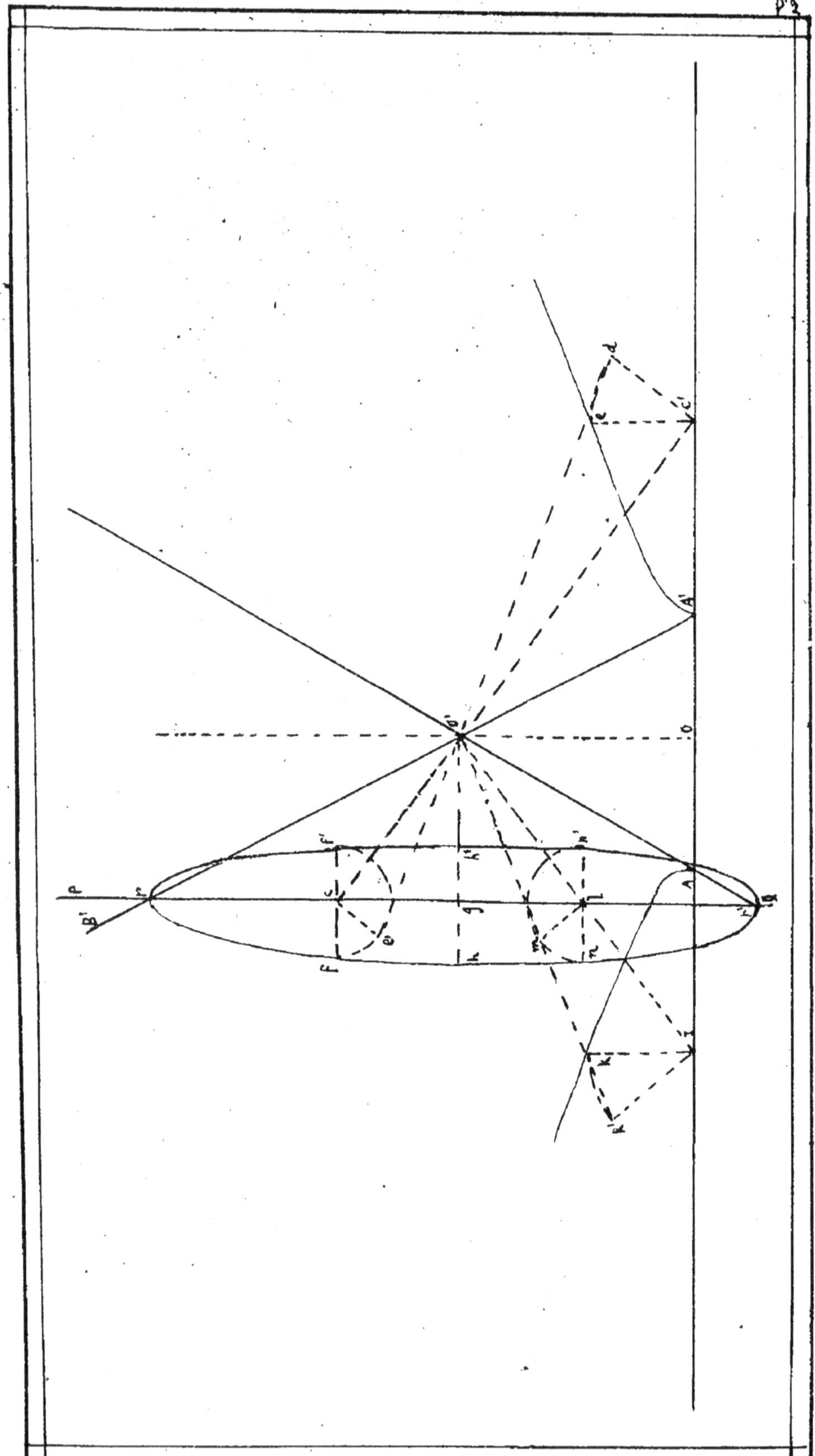

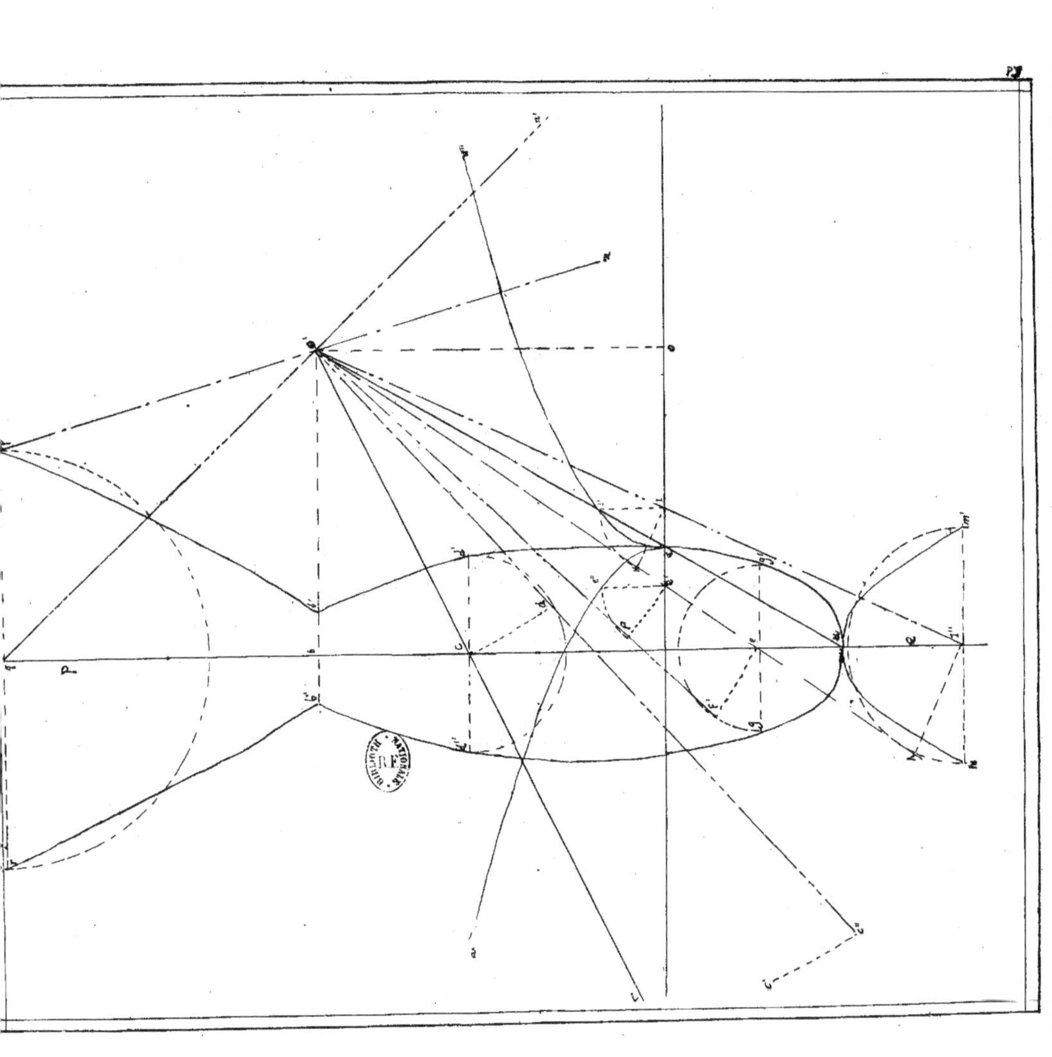

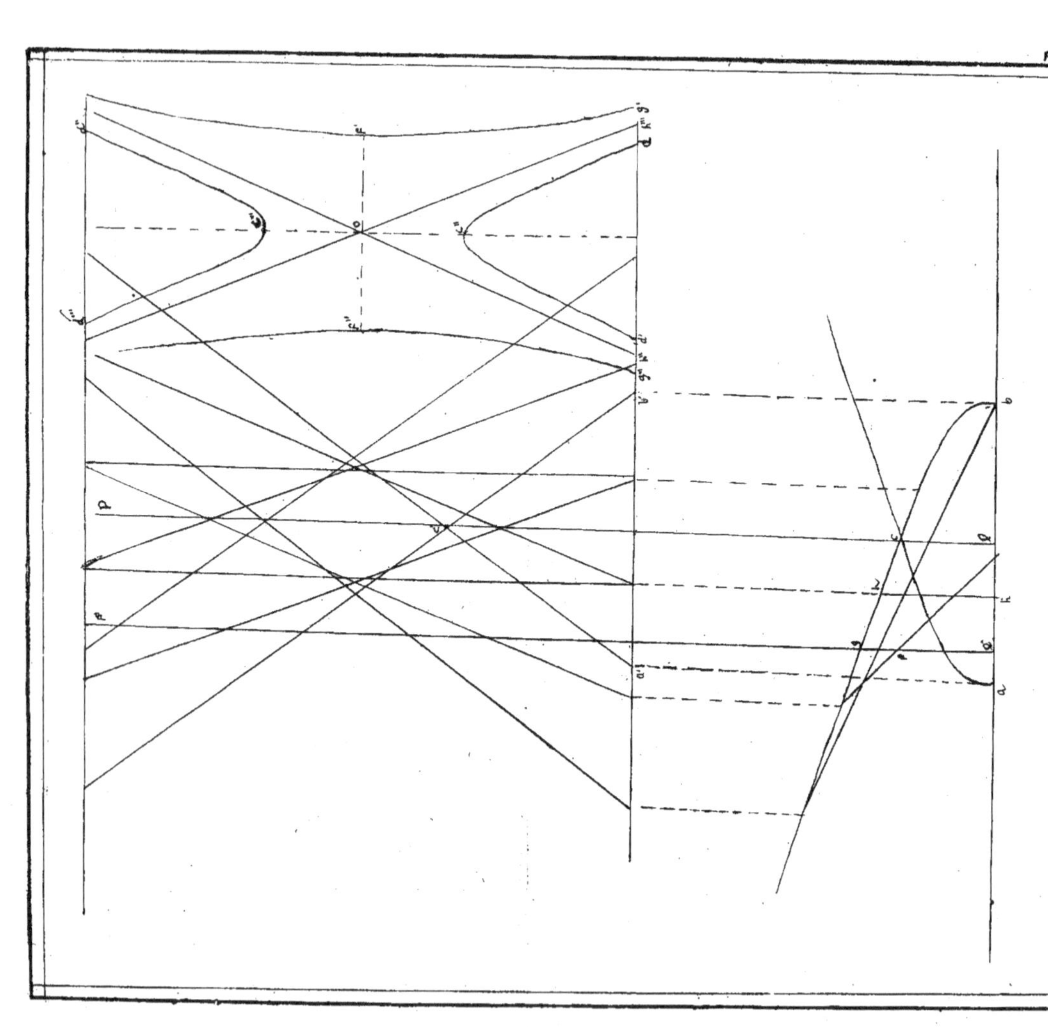

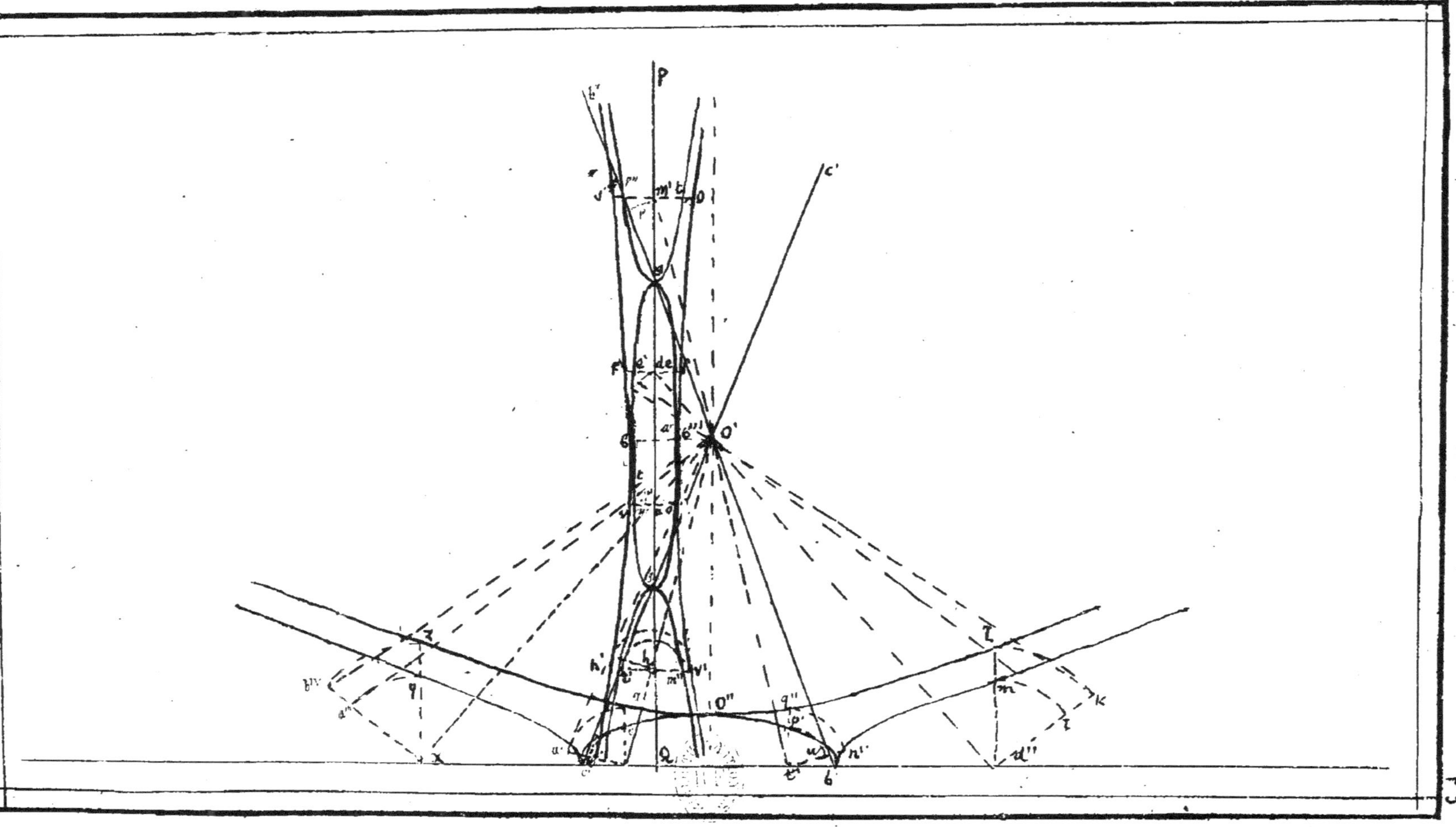
P
c'
O'
O''
Q

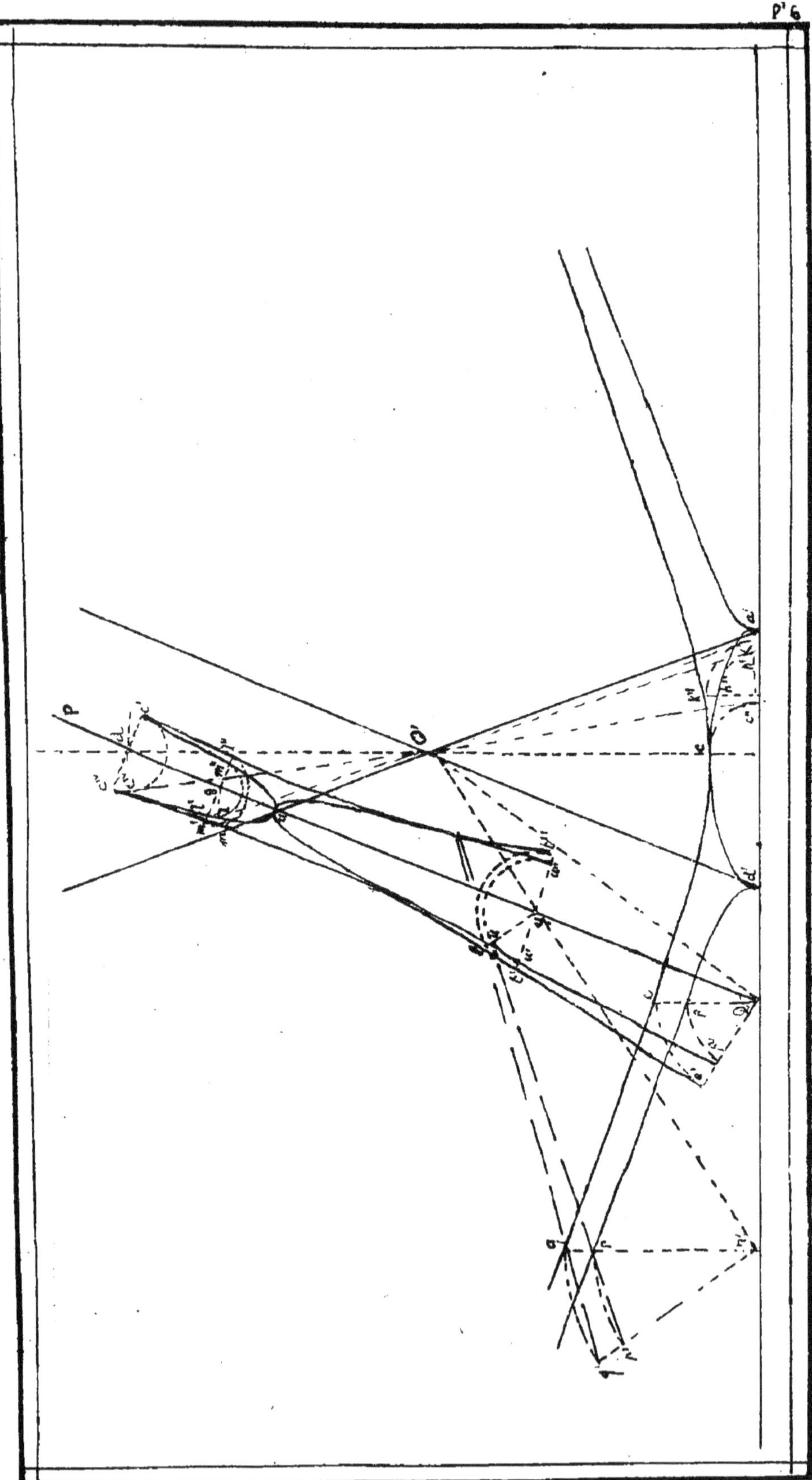

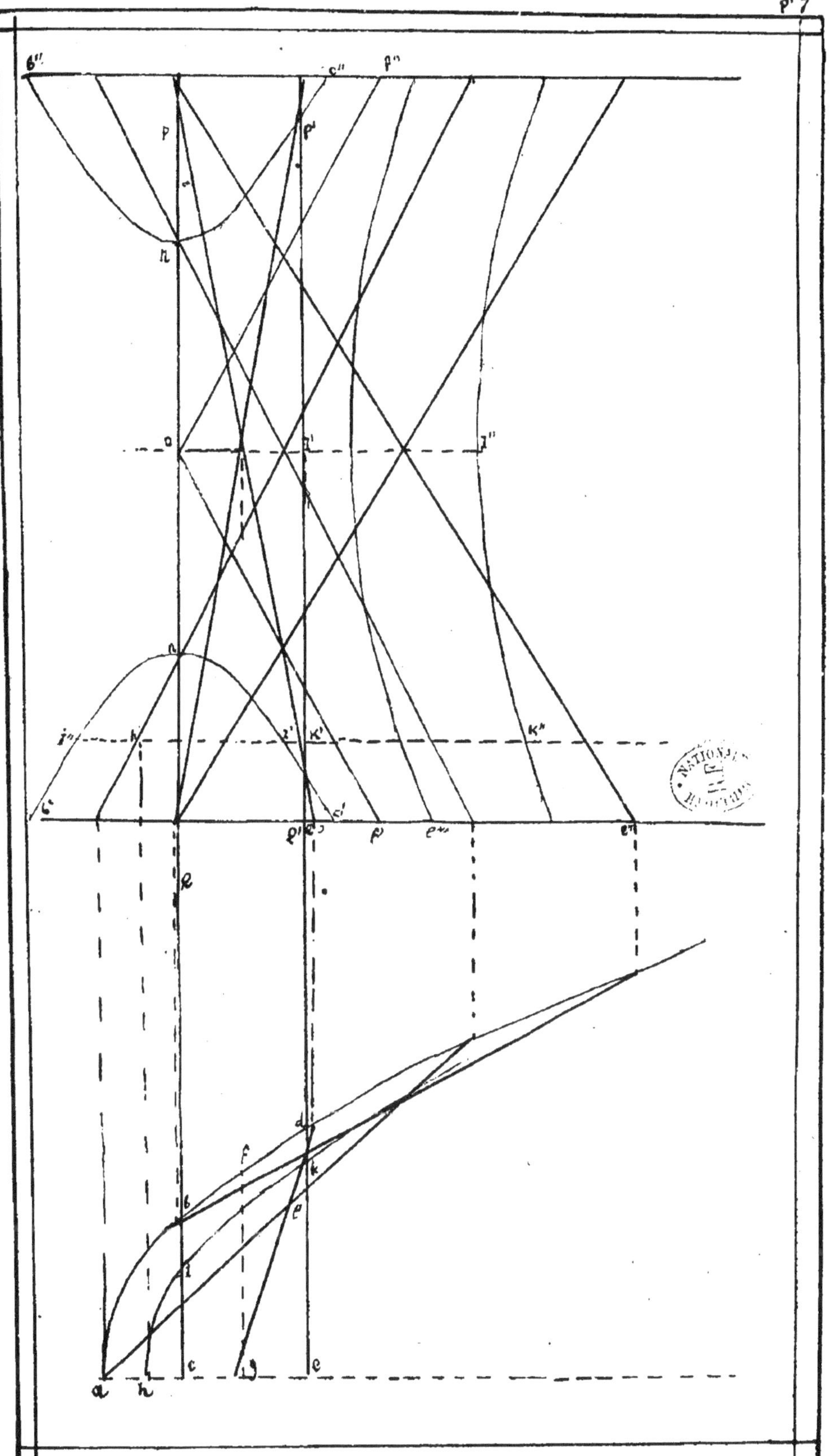

Pl 8

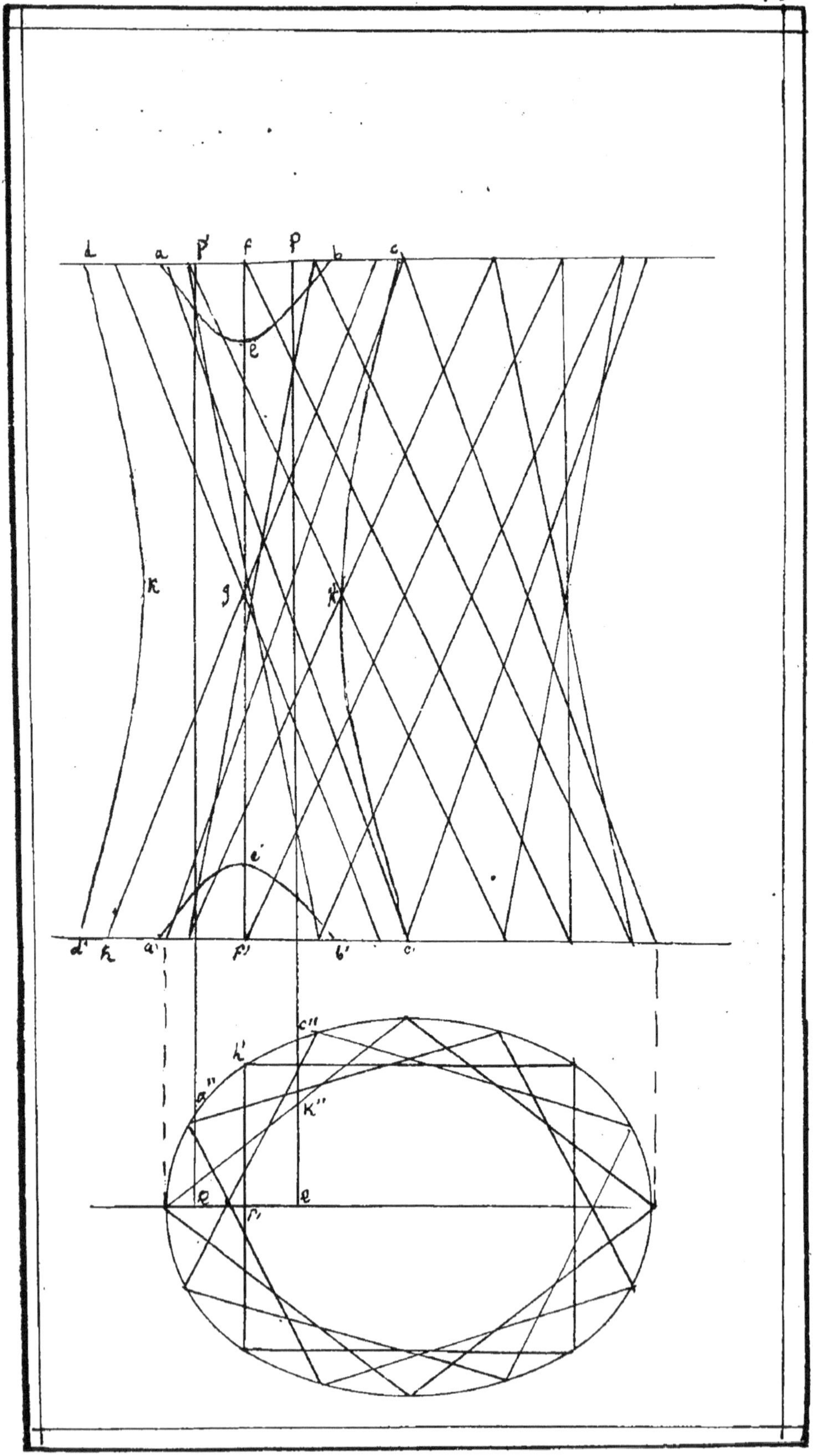

d a p' f p b c

e

k g h'

e'

d' k a' f' b' c'

c''

k'

a''

k''

e f' e

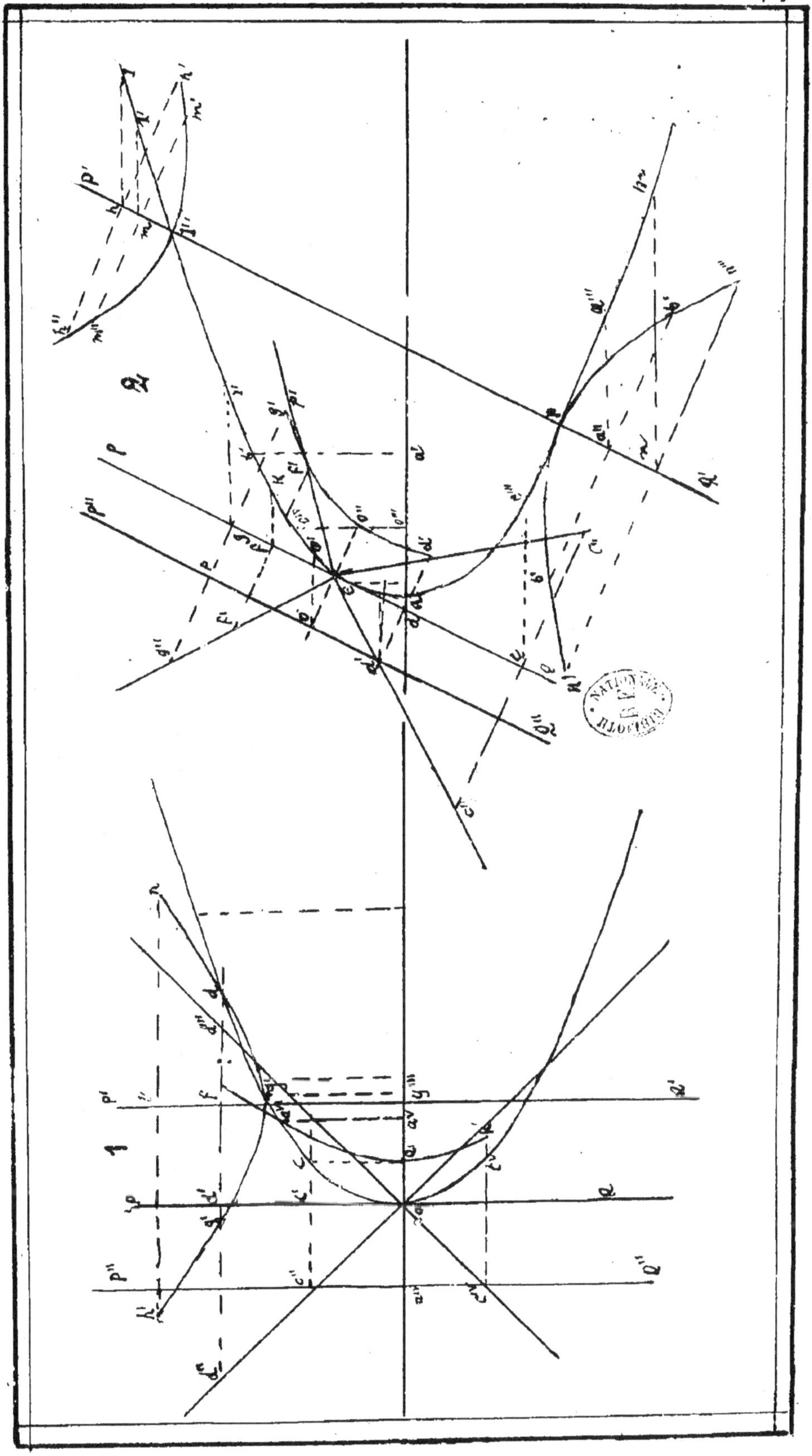

Pl 9

1

2

P'10

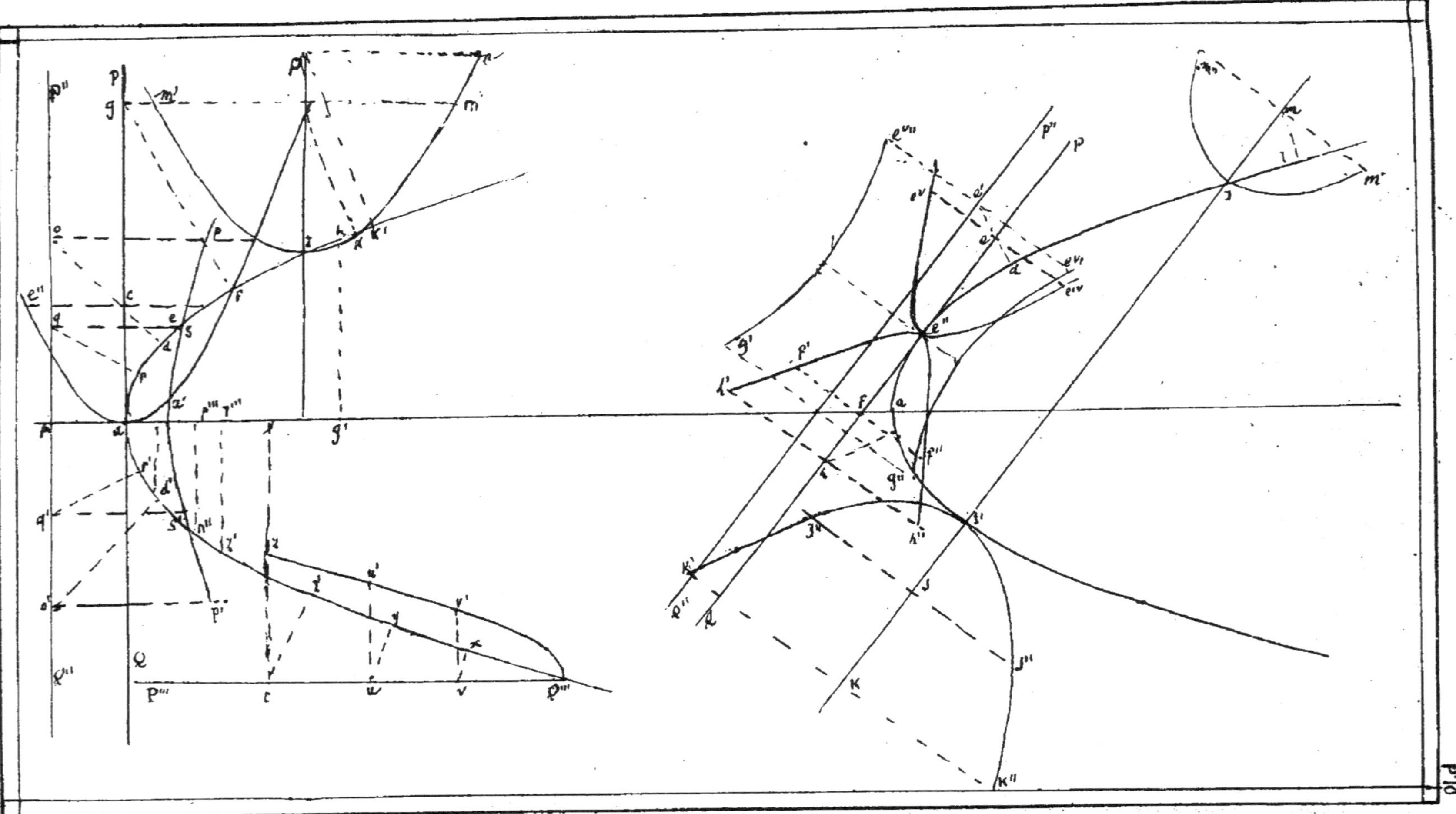

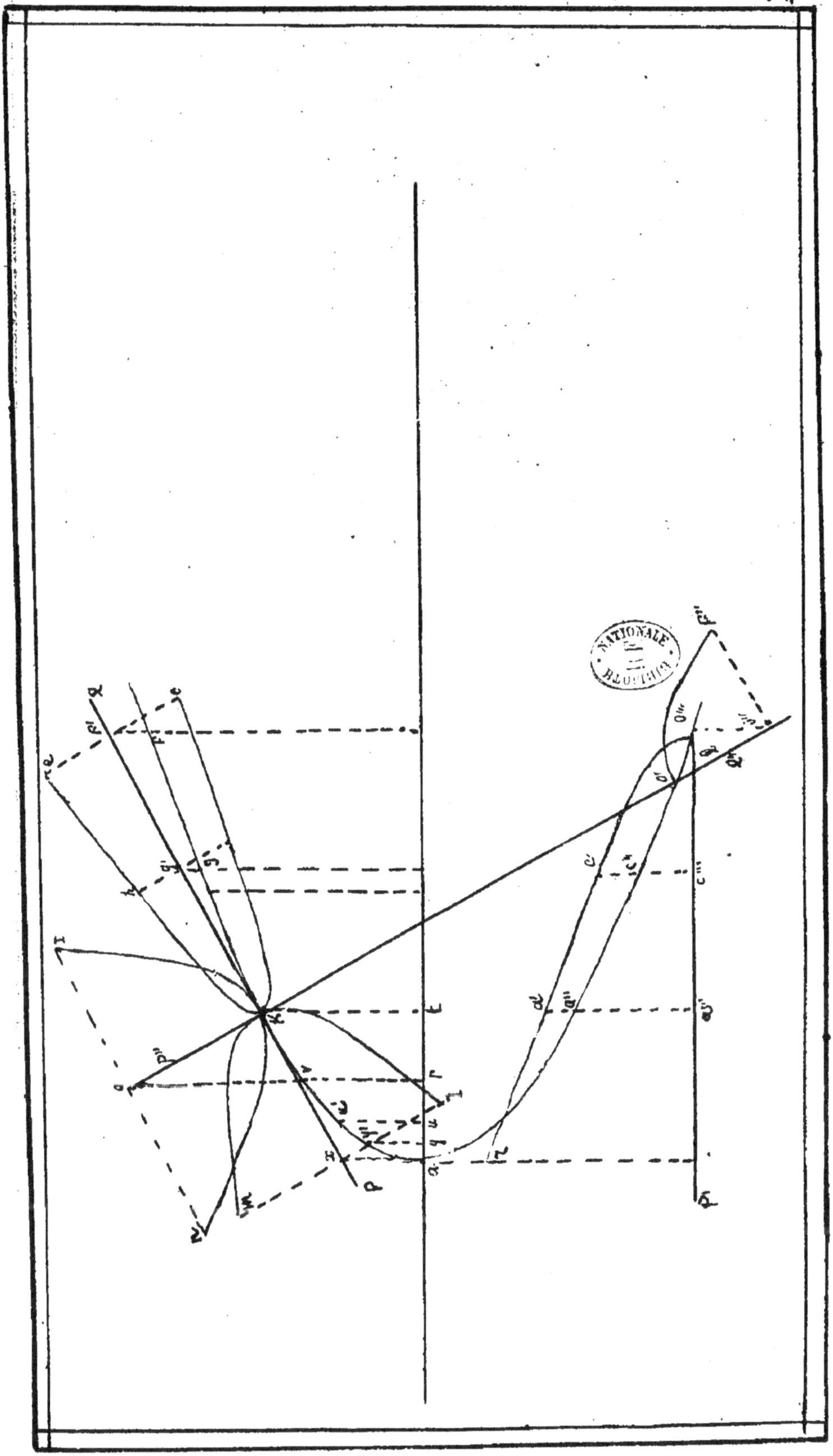

n° 12

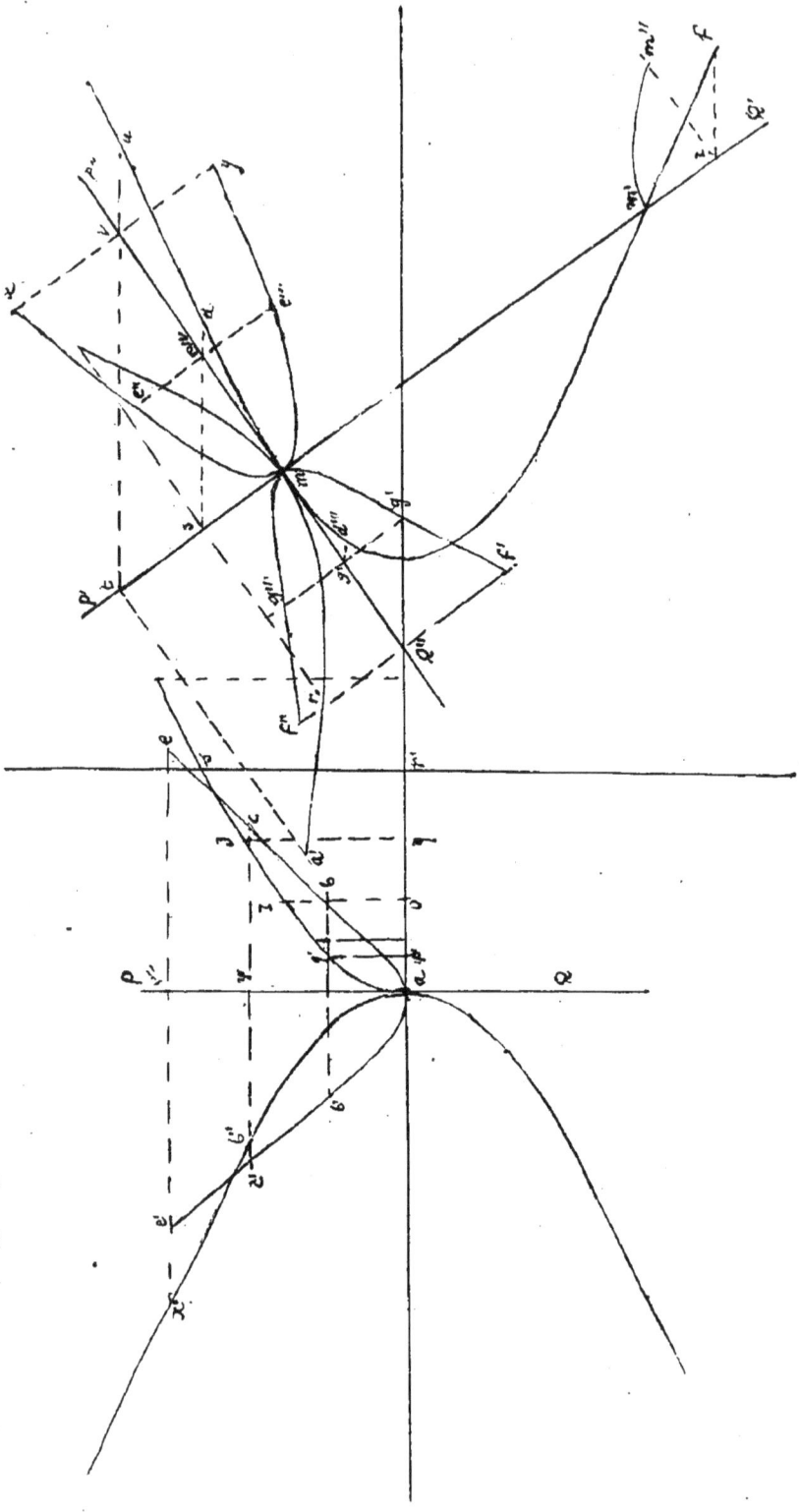

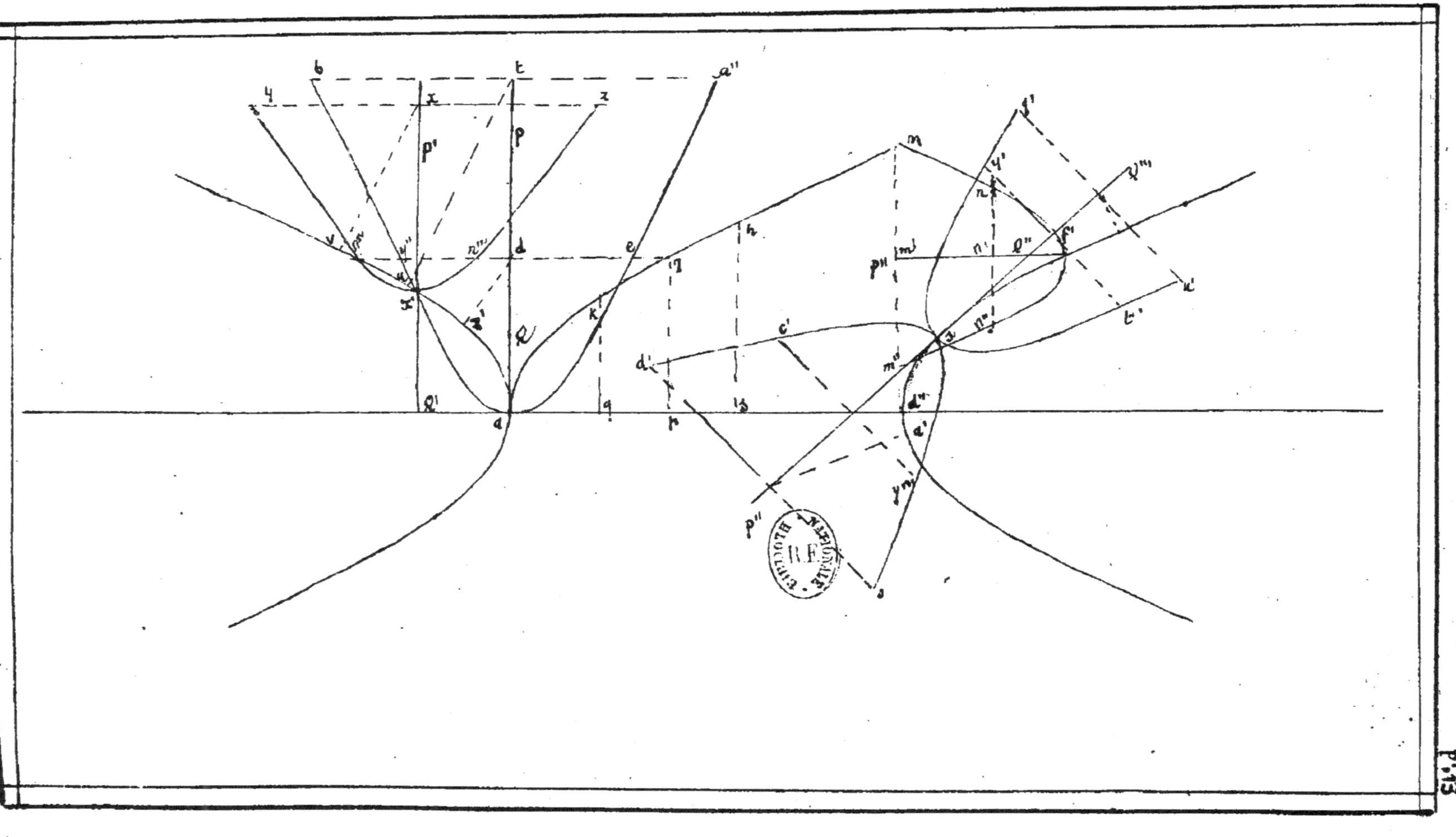
b
t
a''
x
z
p'
p
d
e
h
m
f'
n
m'
n'
Q''
u'
t'
Q
k
c'
d'
m''
Q'
a
q
d''
a'
p''
s

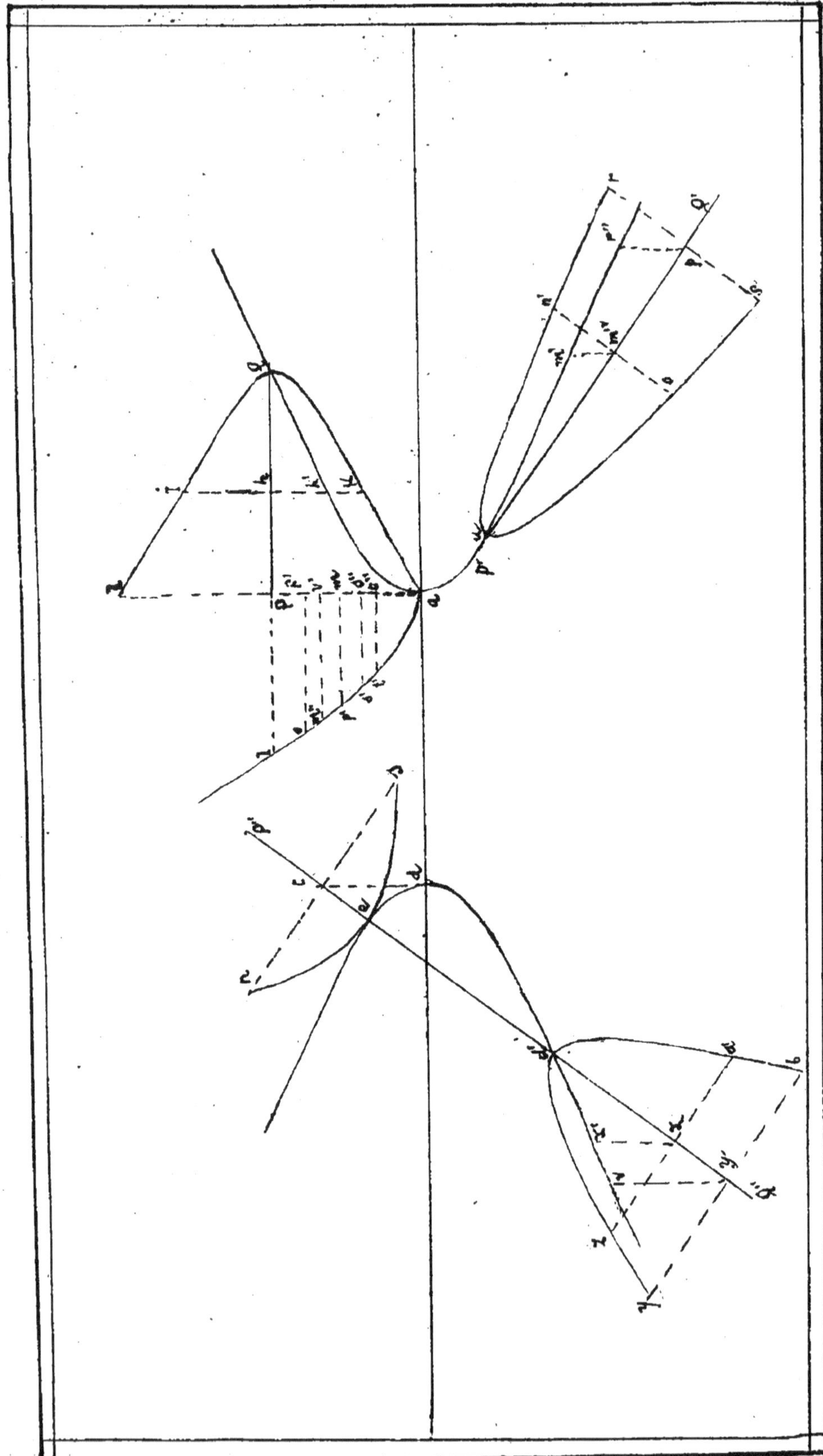

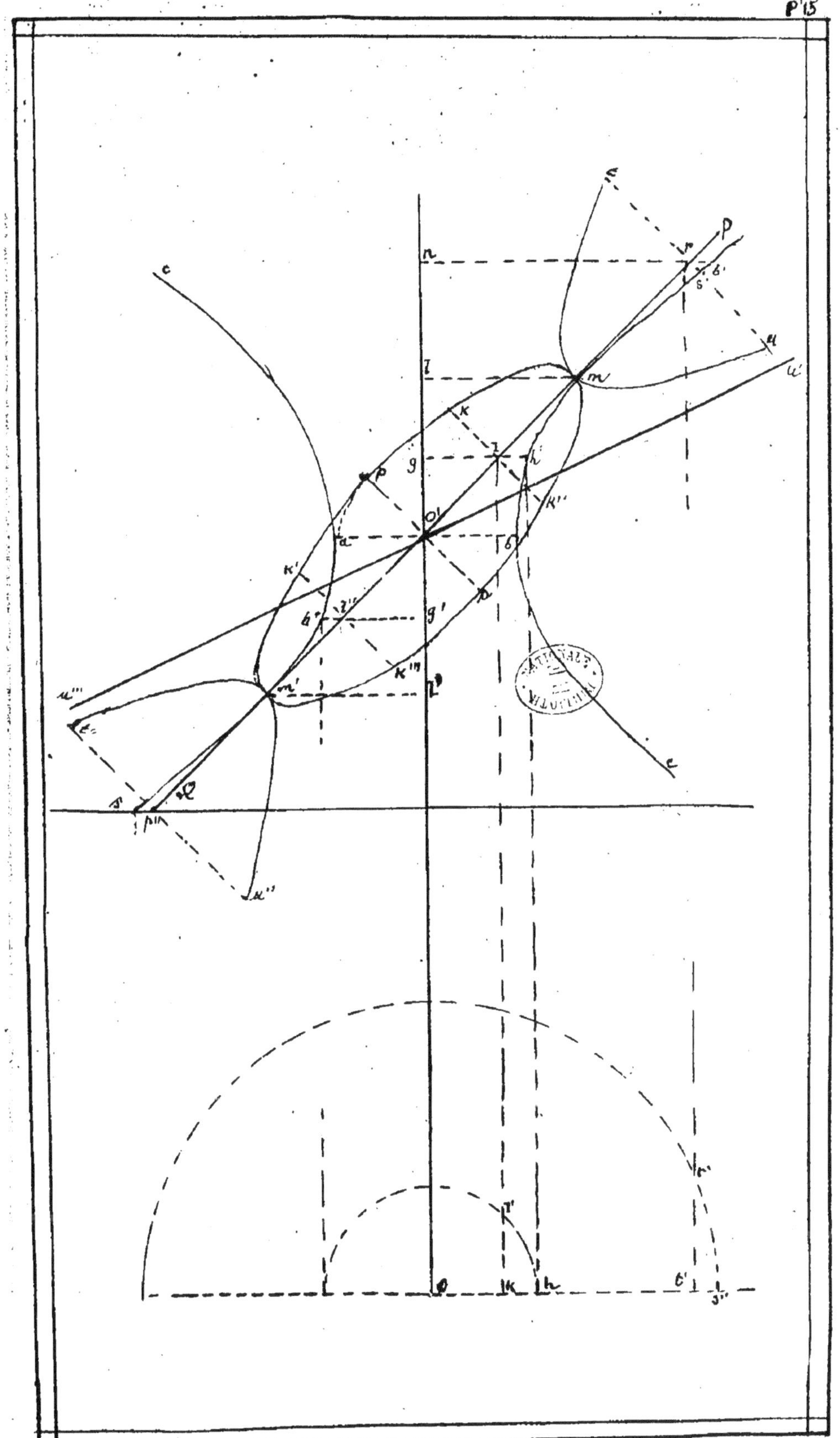
c
n
p
l
m
u
u'
k
i
h'
g
p
O'
a
b
k'
k''
g'
k'''
l'
m'
u'''
s
Q
u''
O
K
h
t'
c

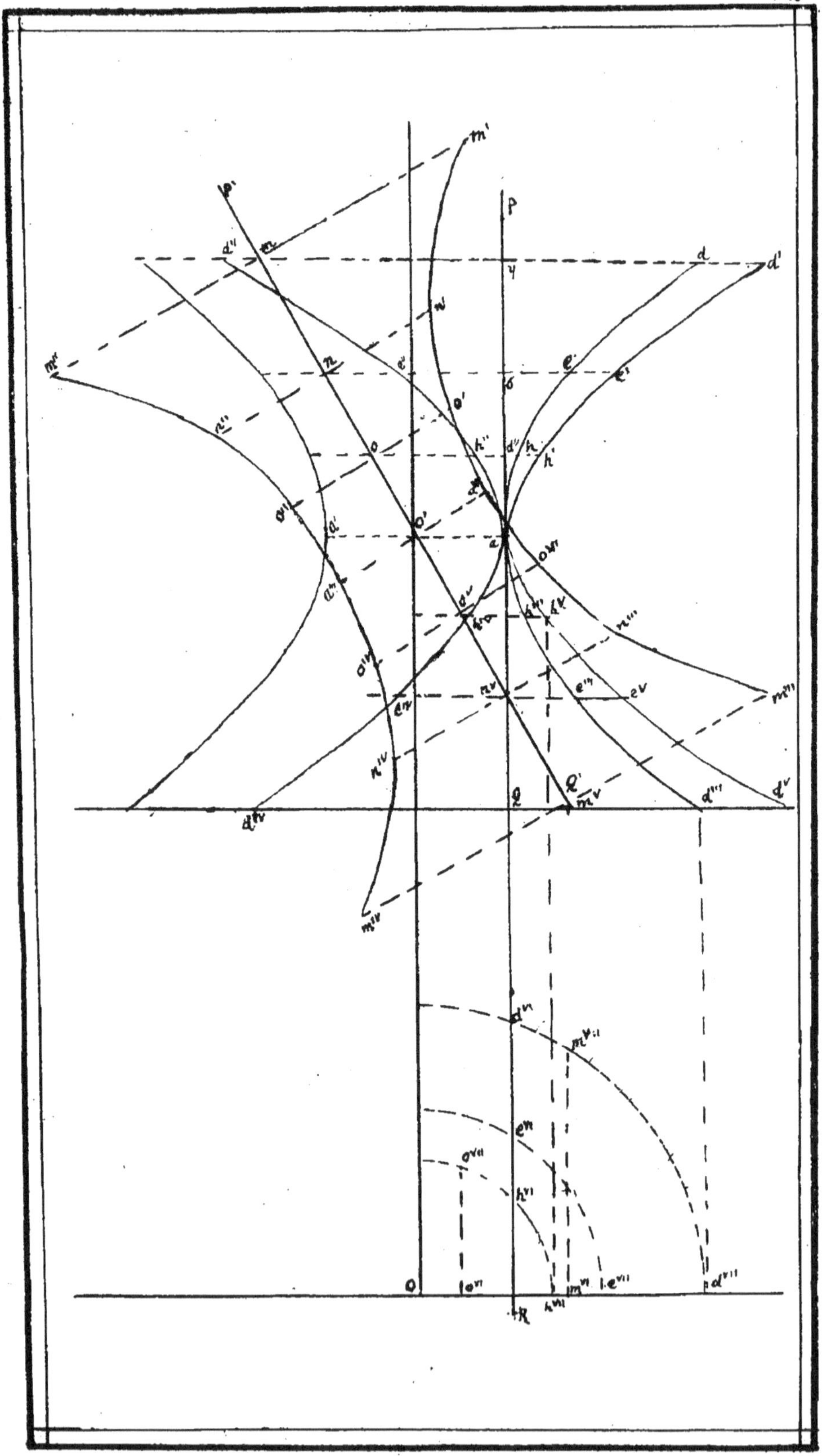

Pl 17

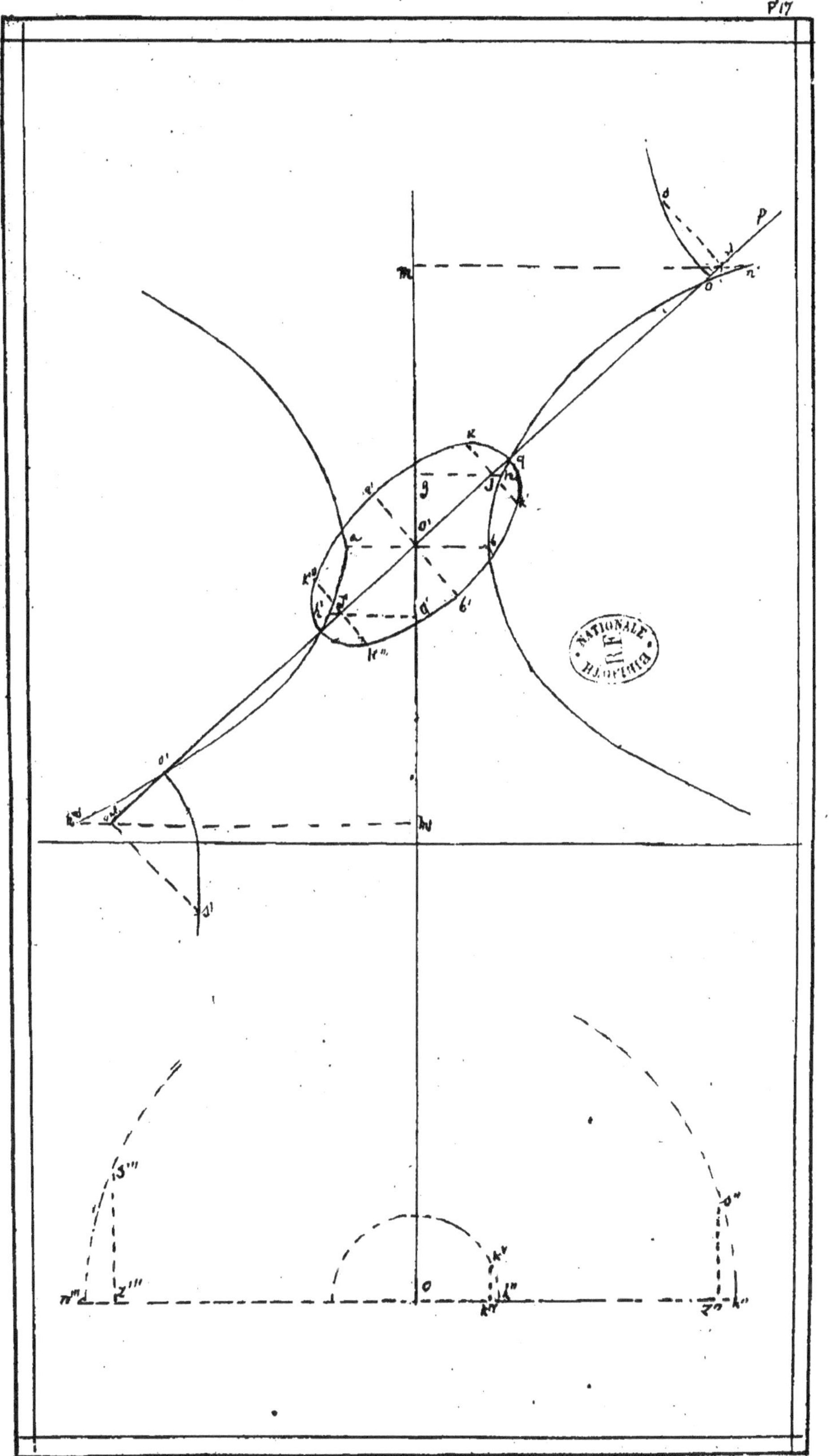

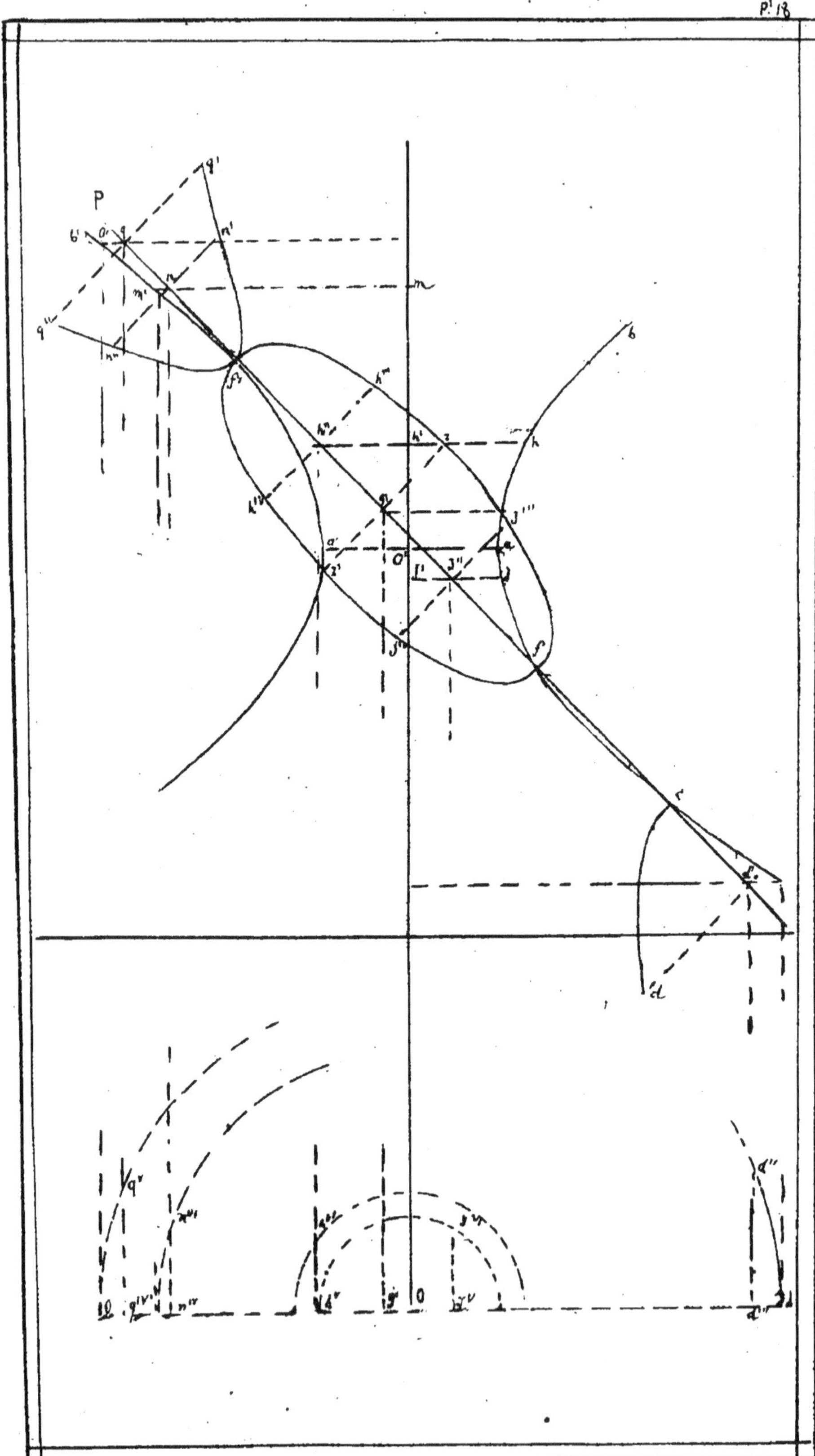

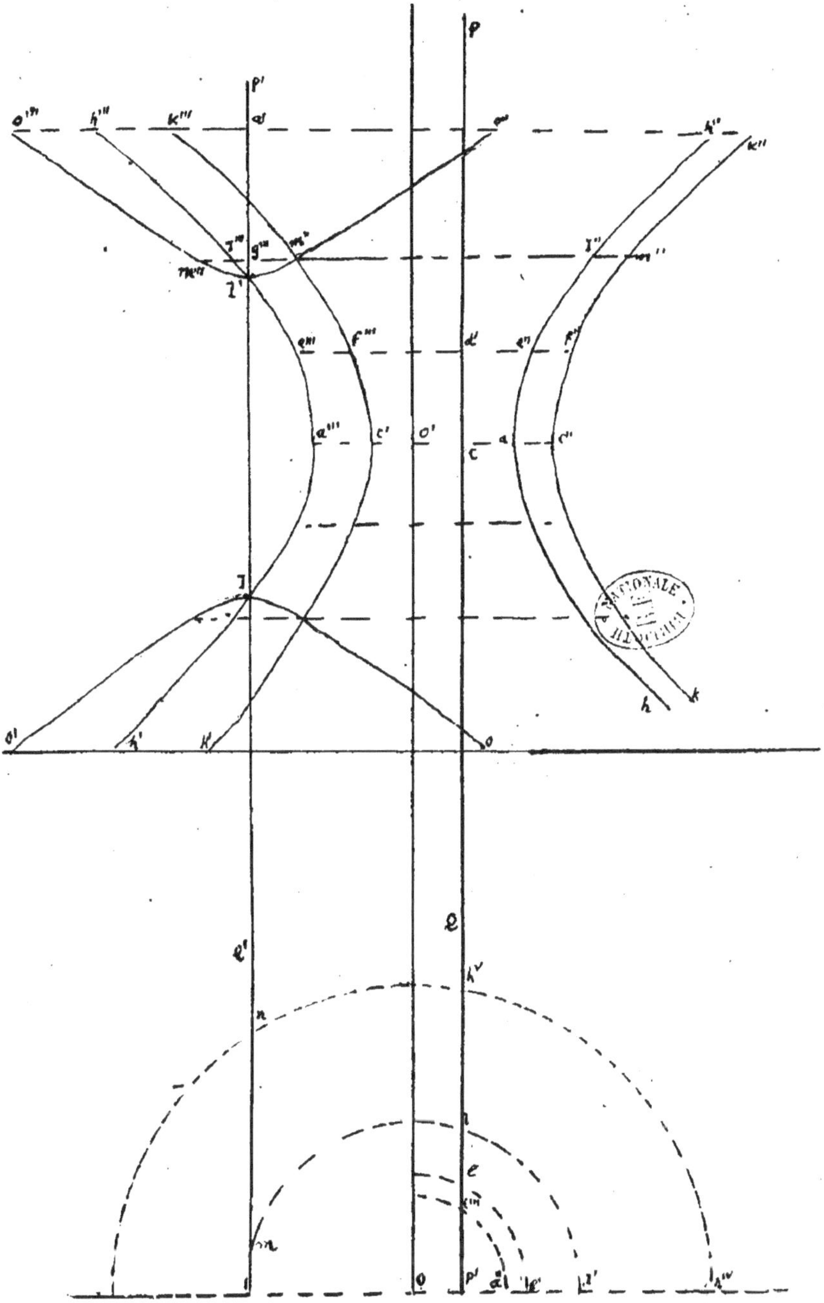

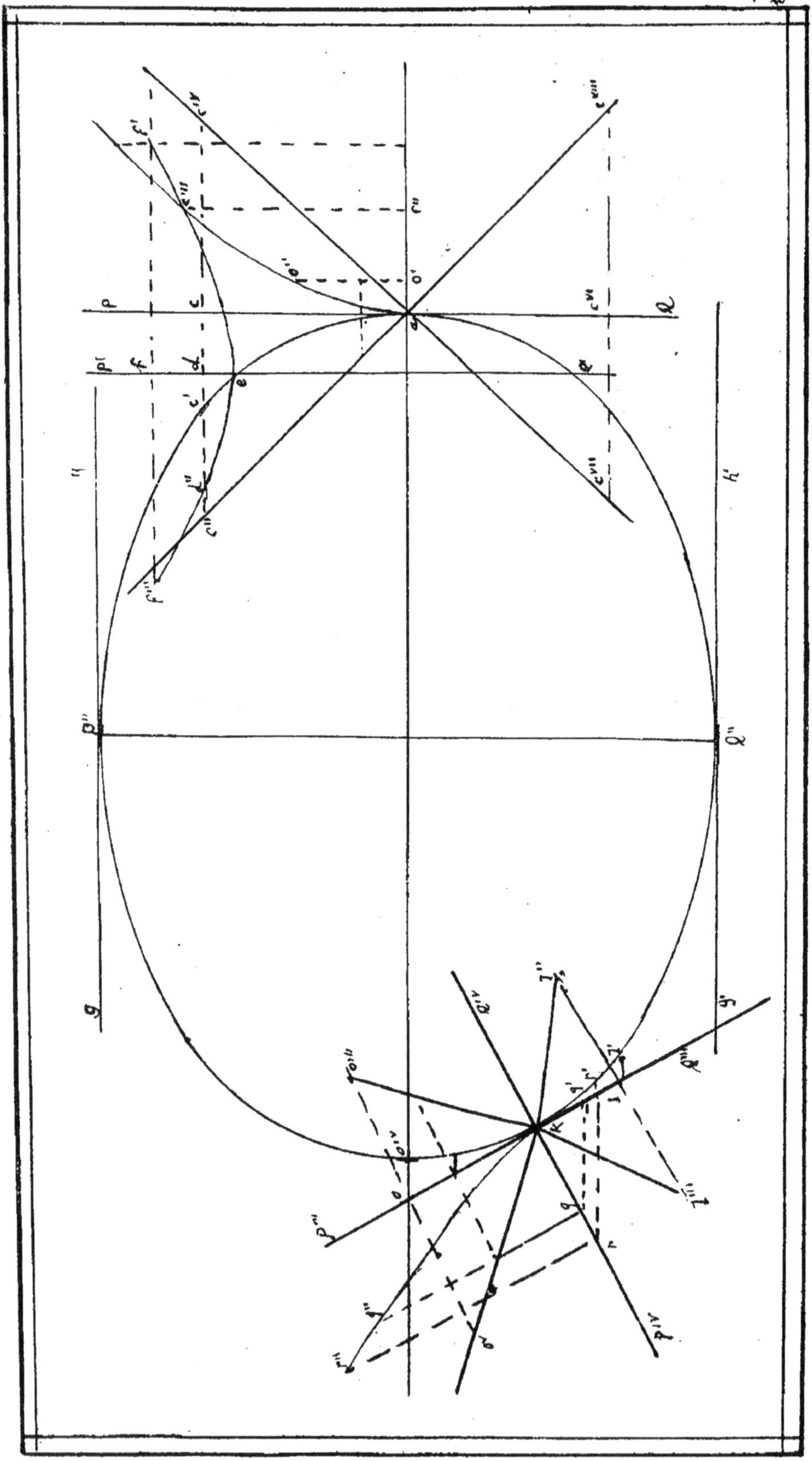

Pl 20

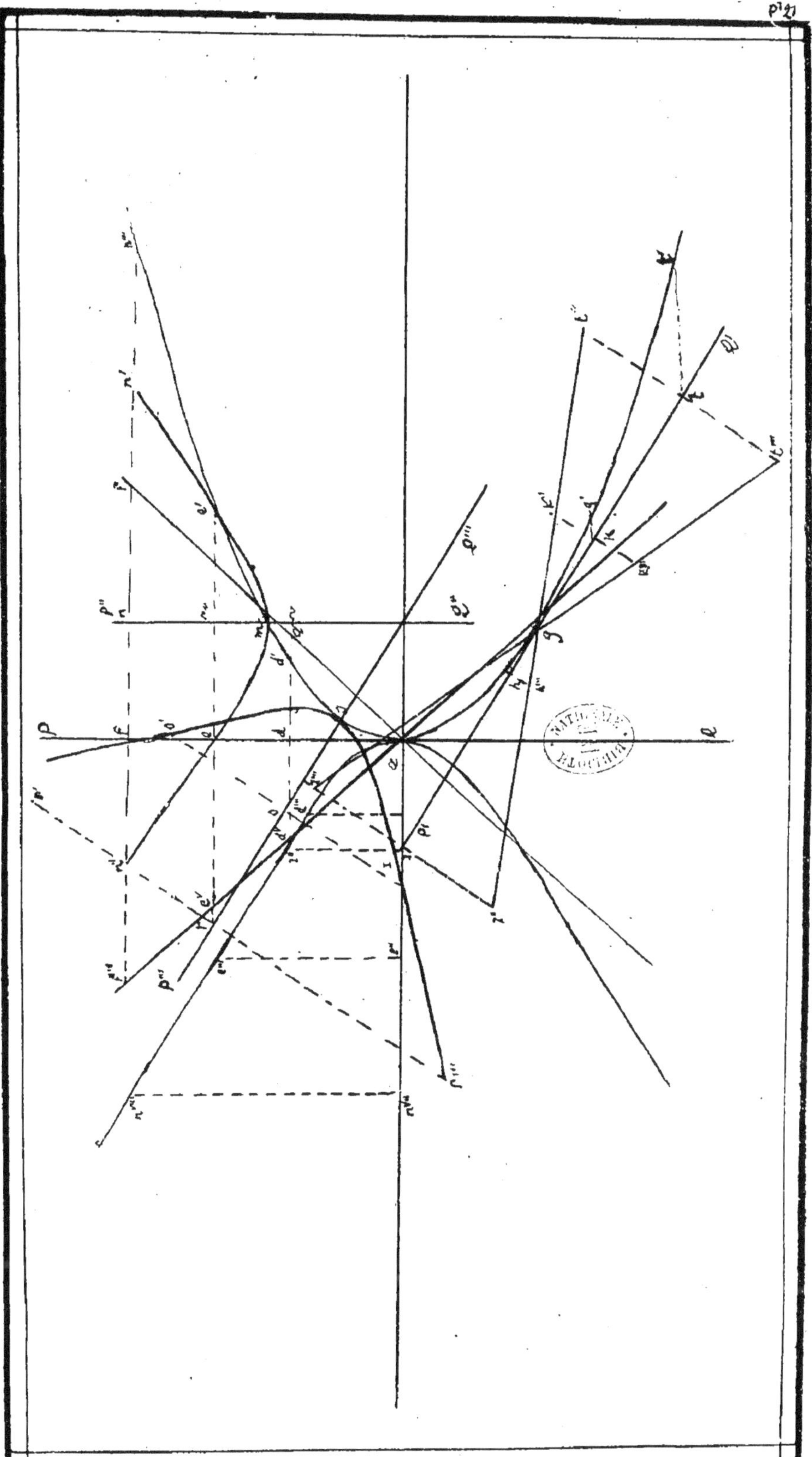

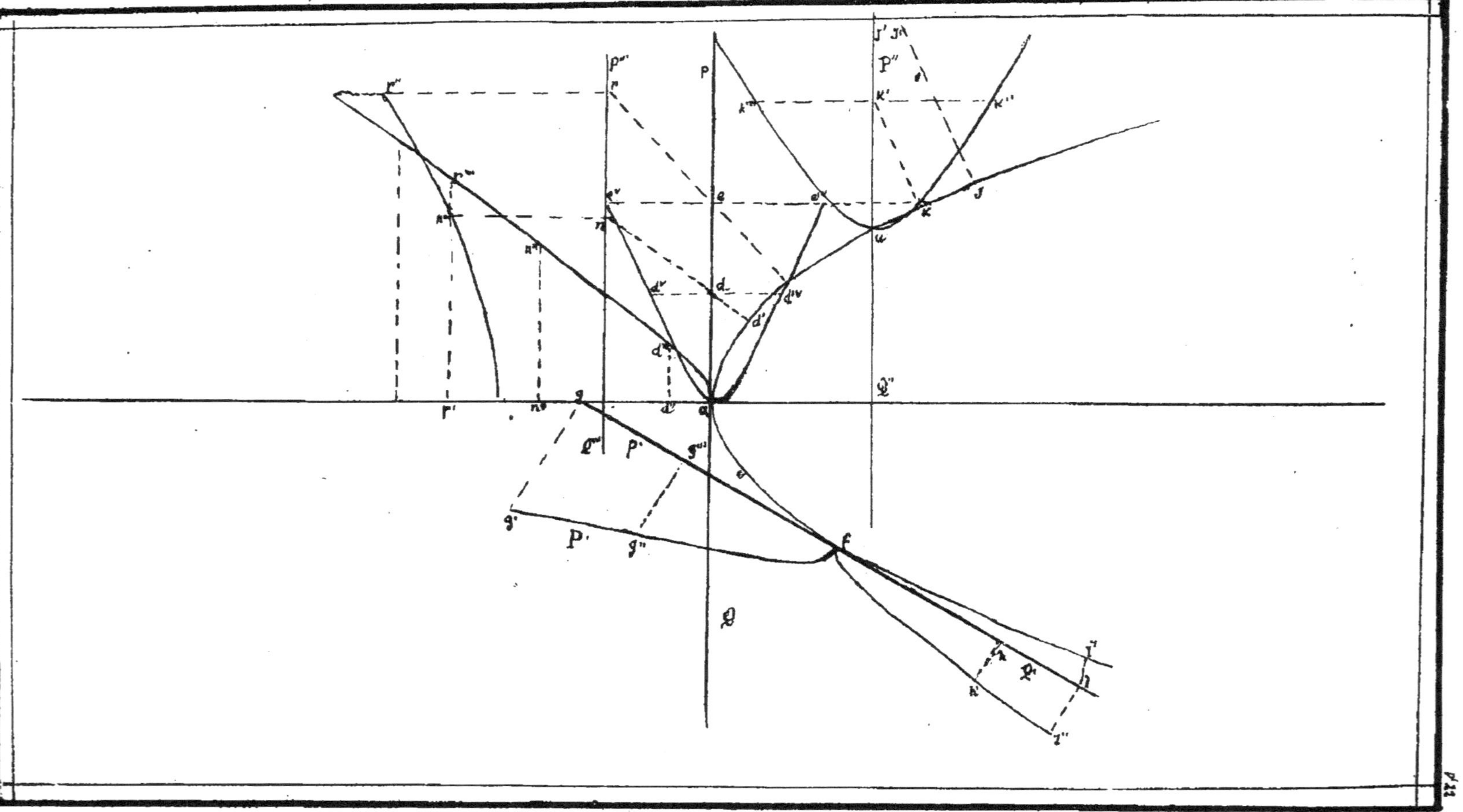
P
Q
P'
Q'
P''
Q''
P'''
Q'''
Pl 22

Pl 23

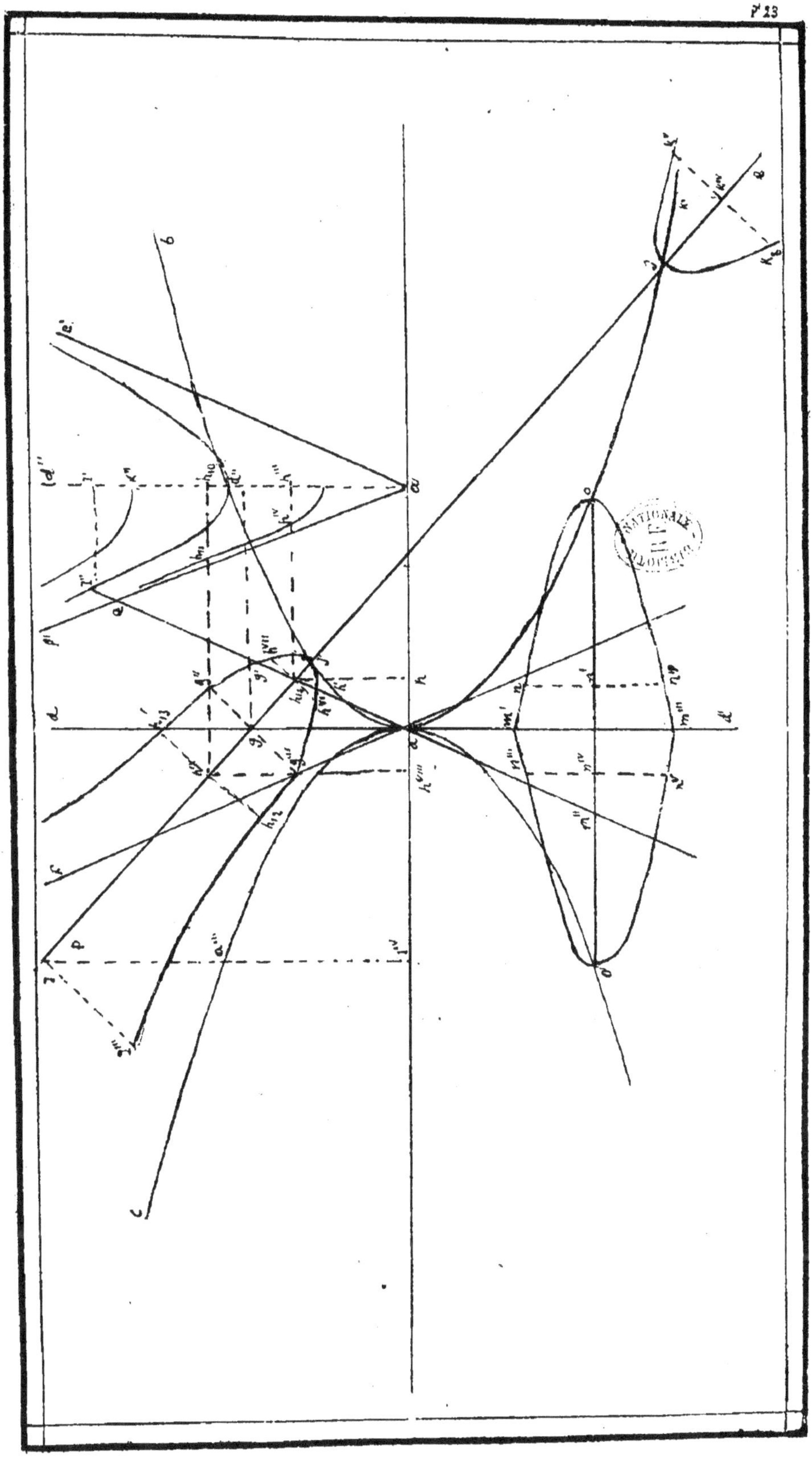

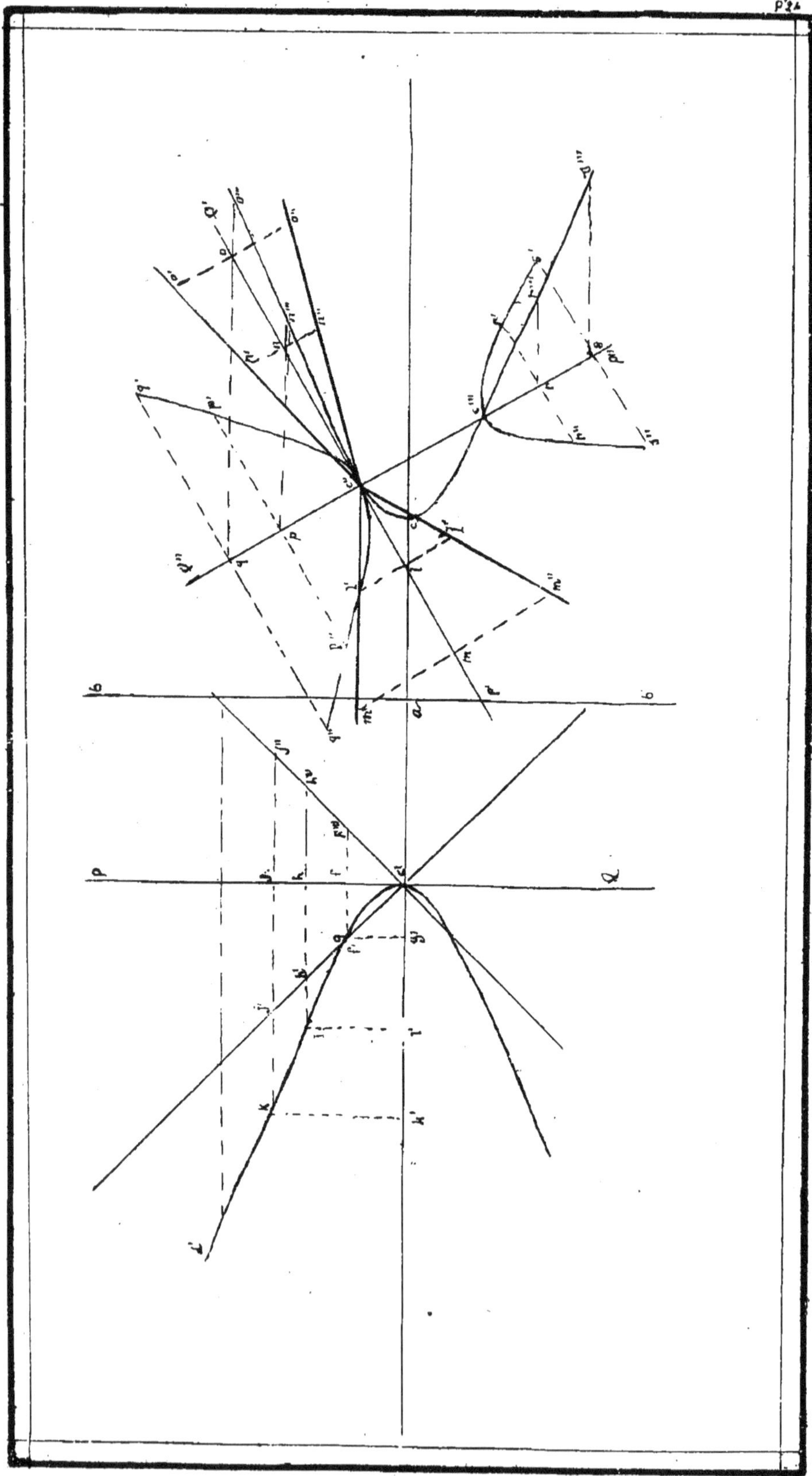

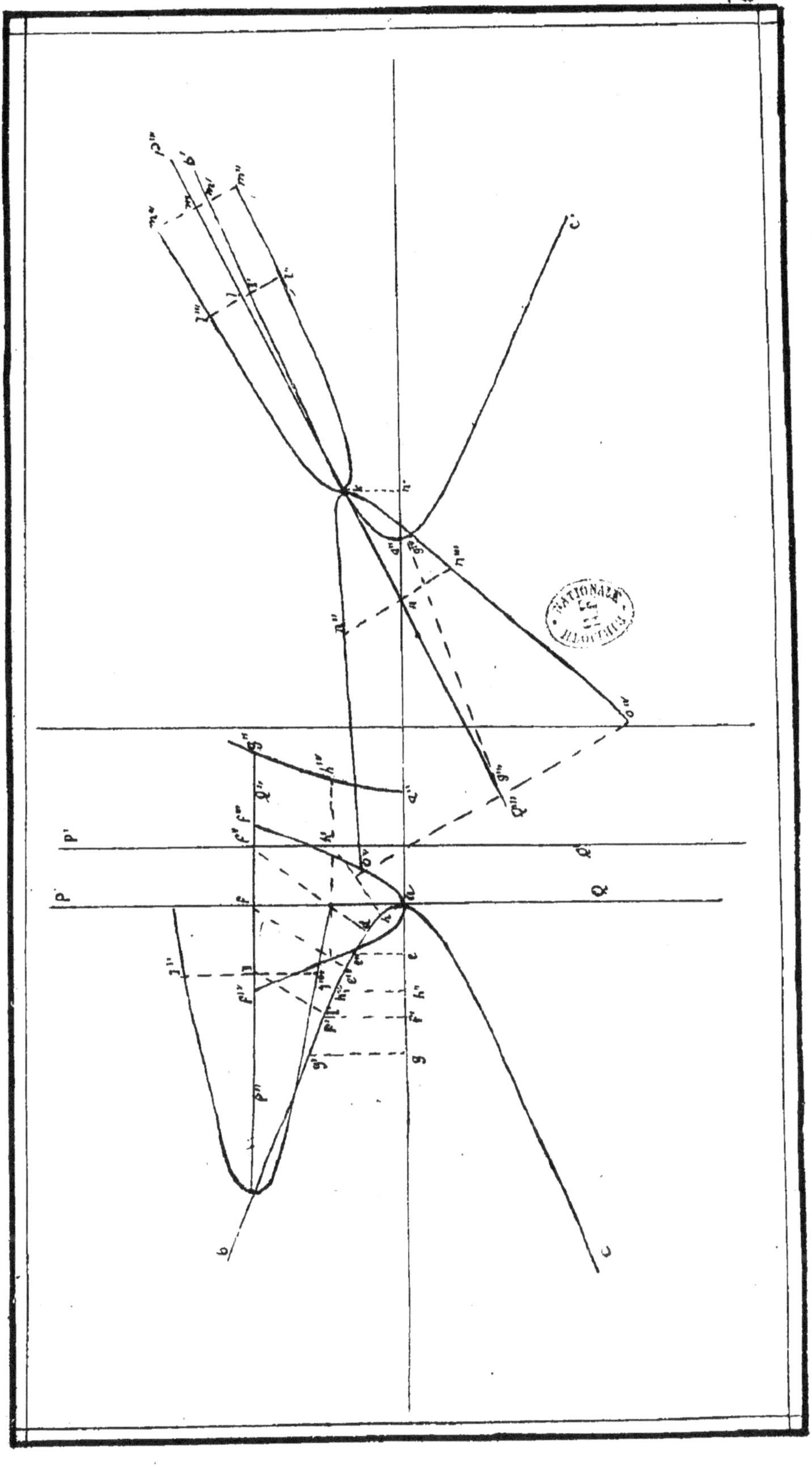

Pl. 25

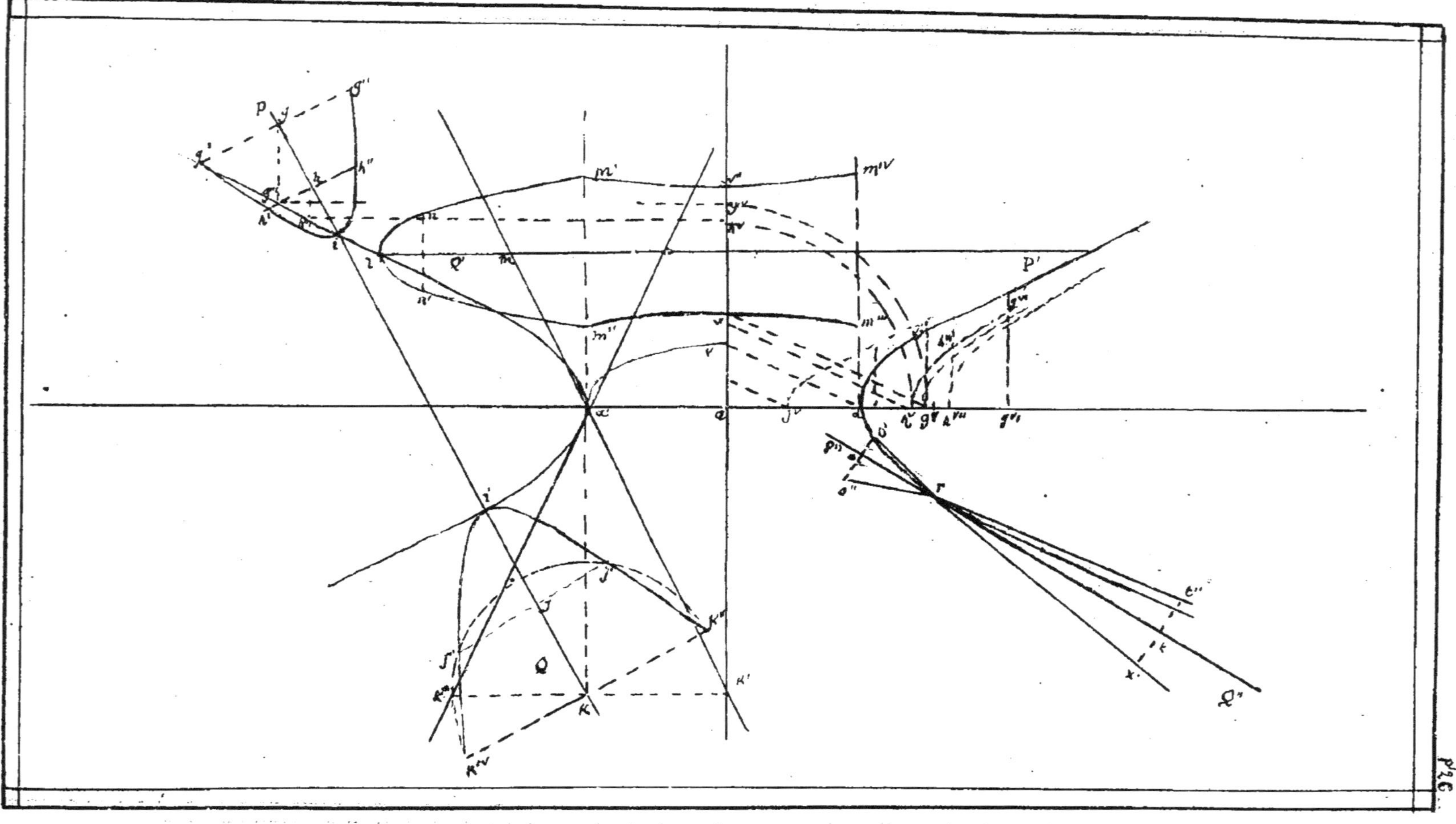

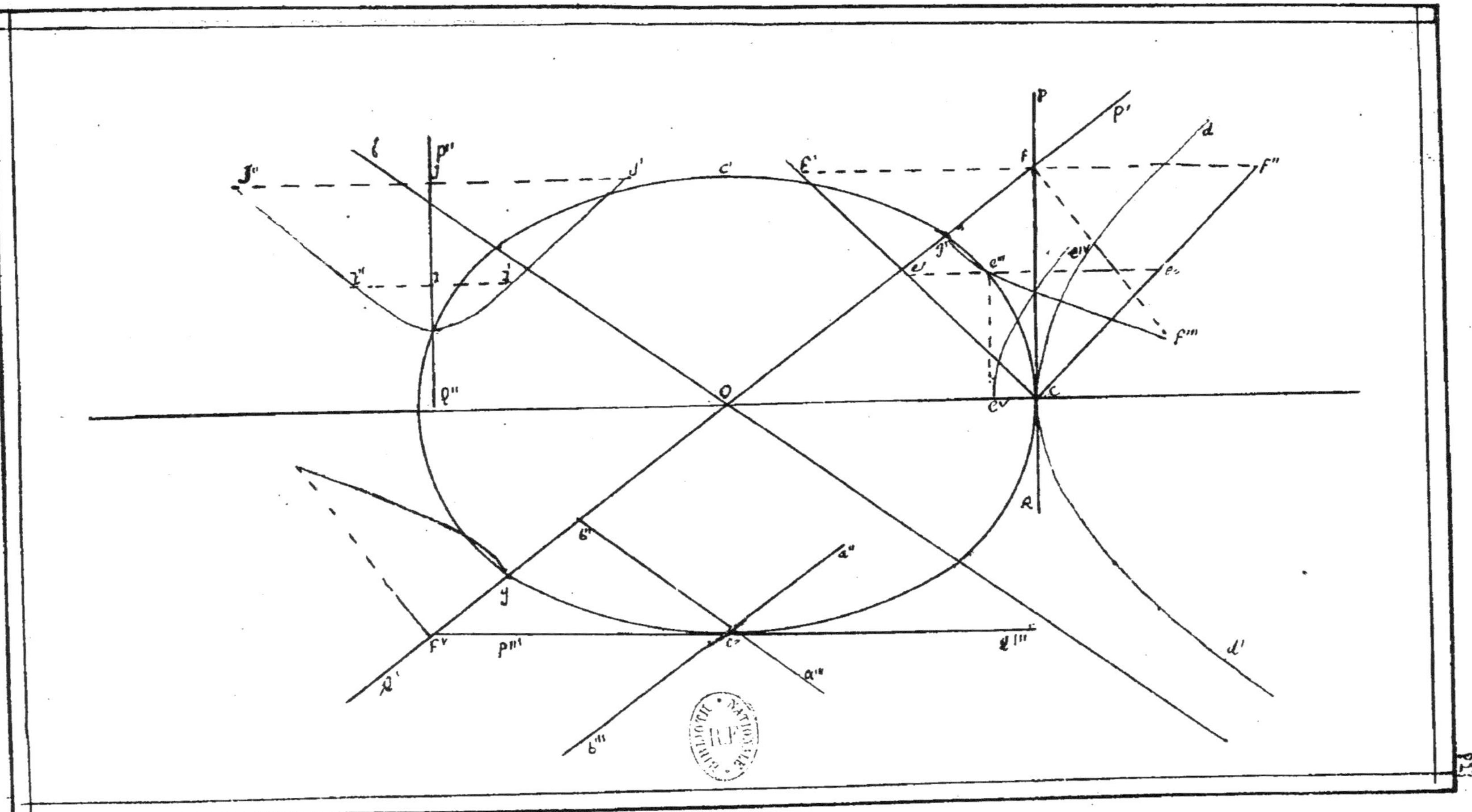

P. 27

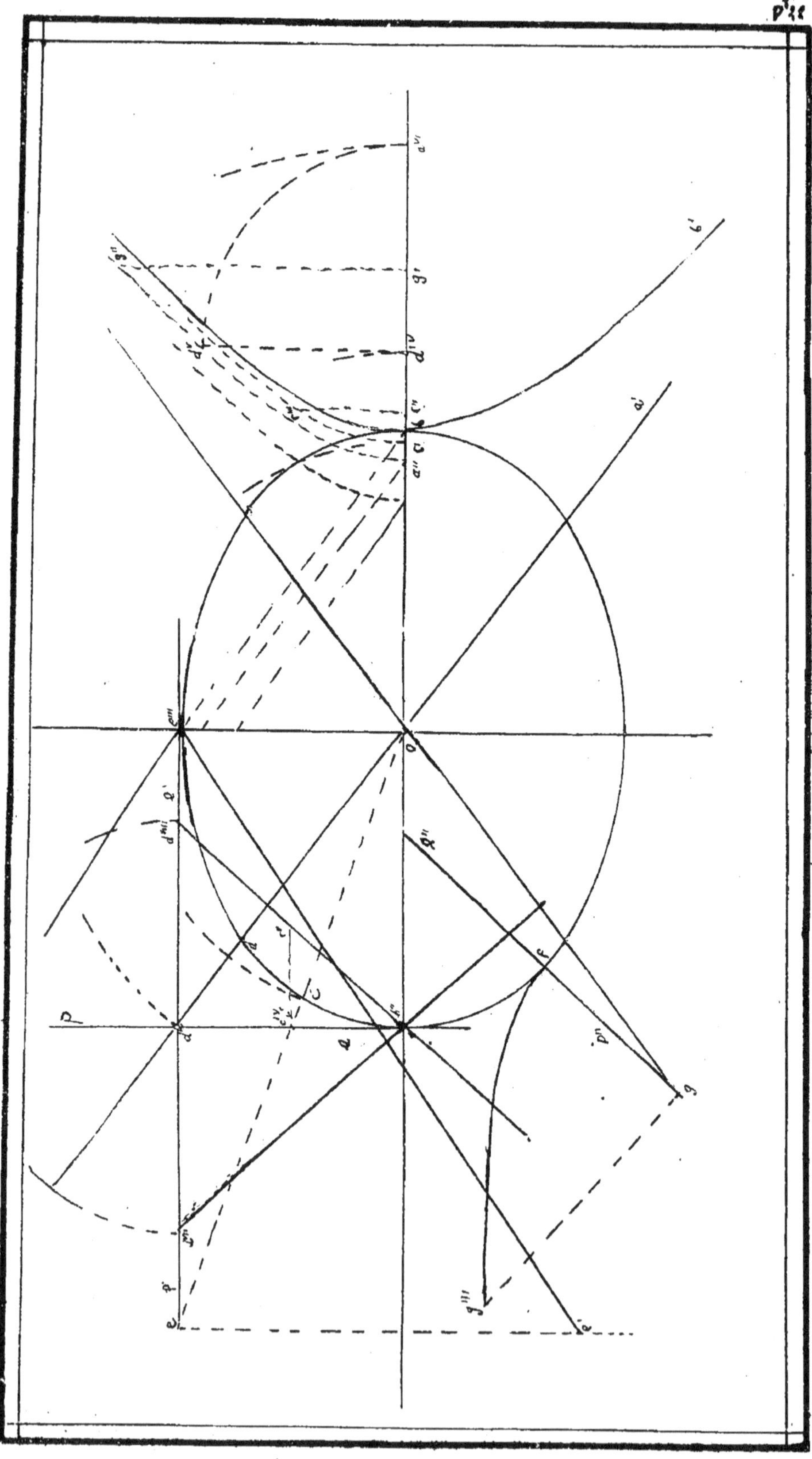

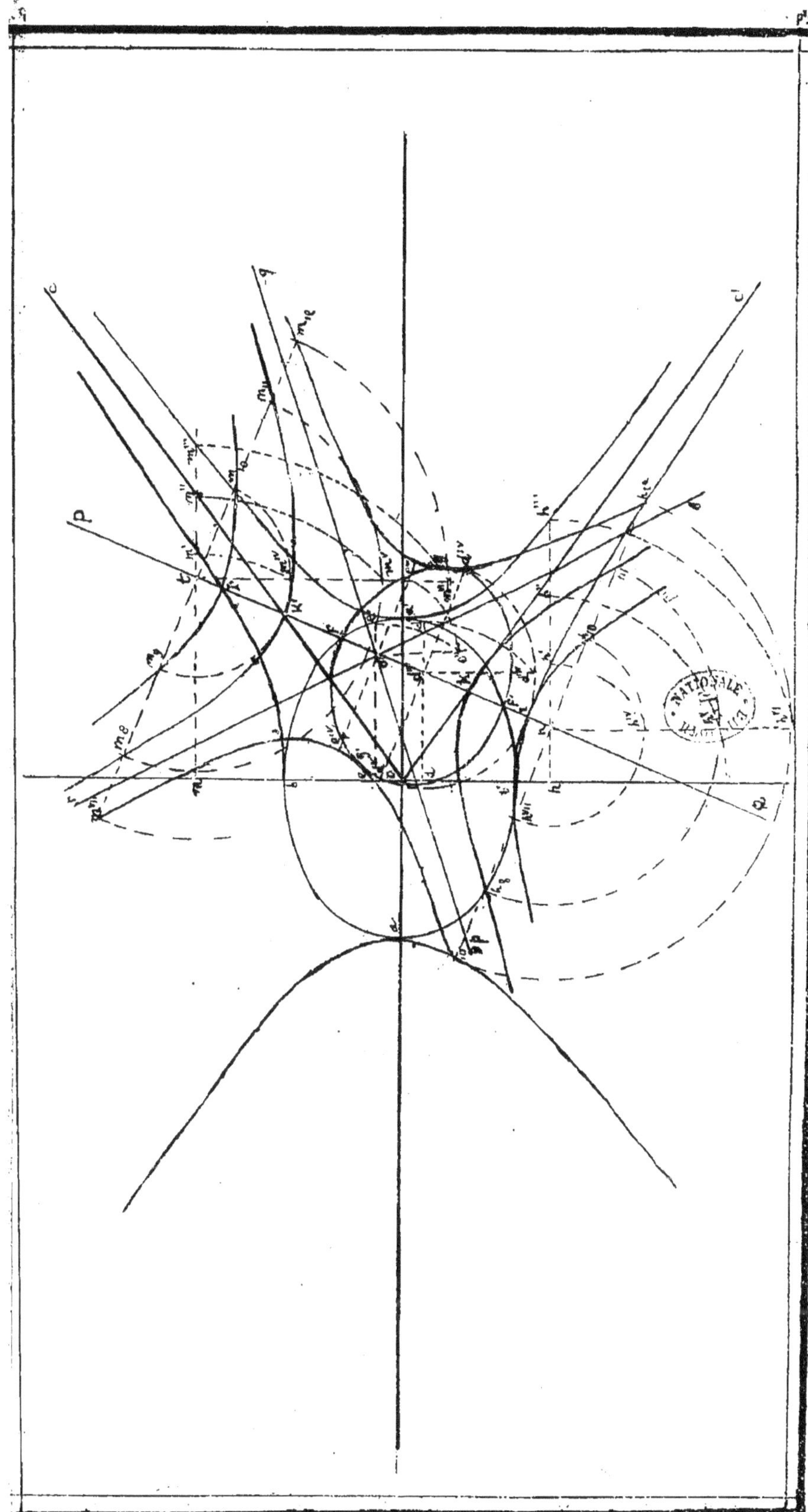

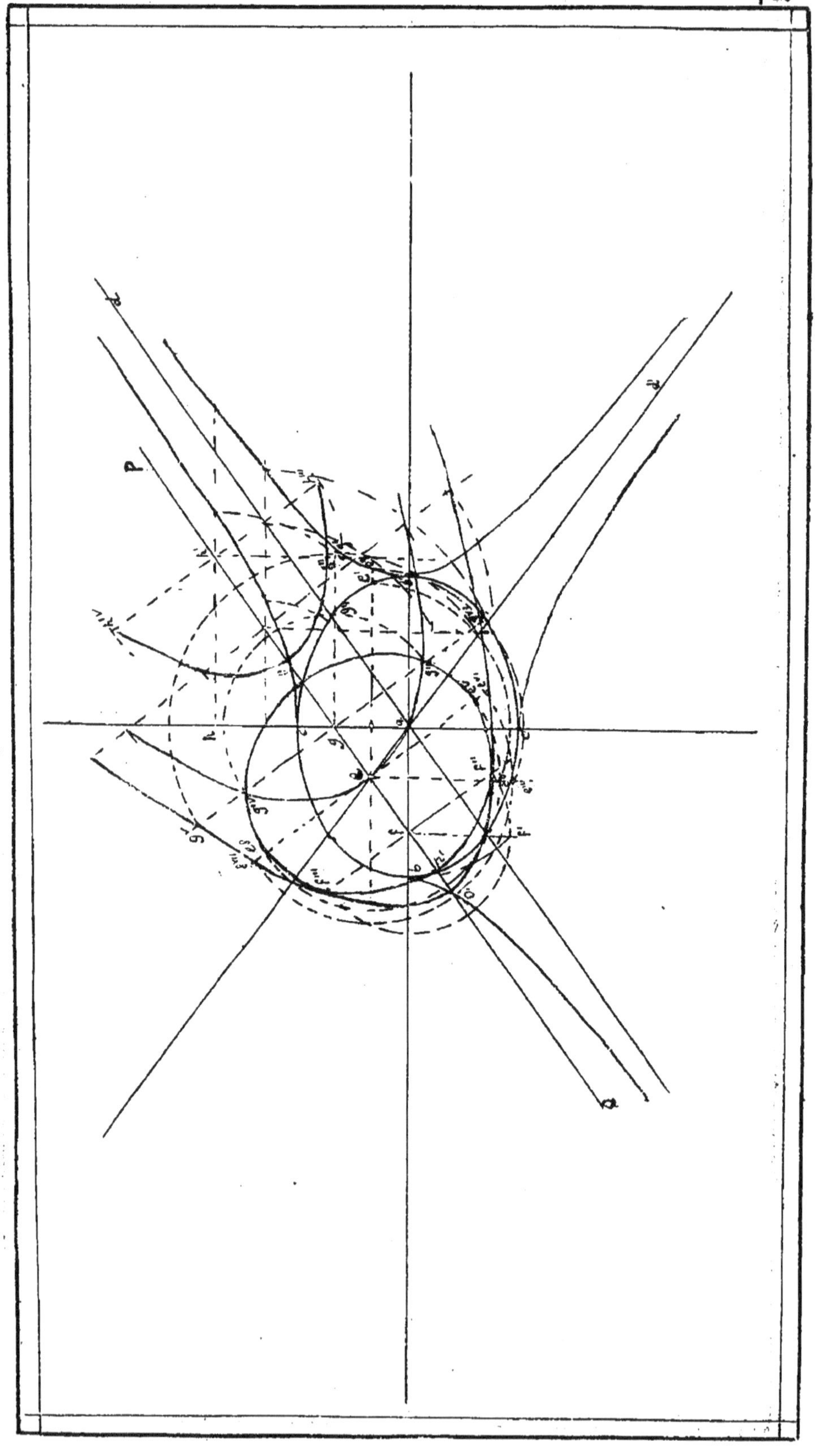

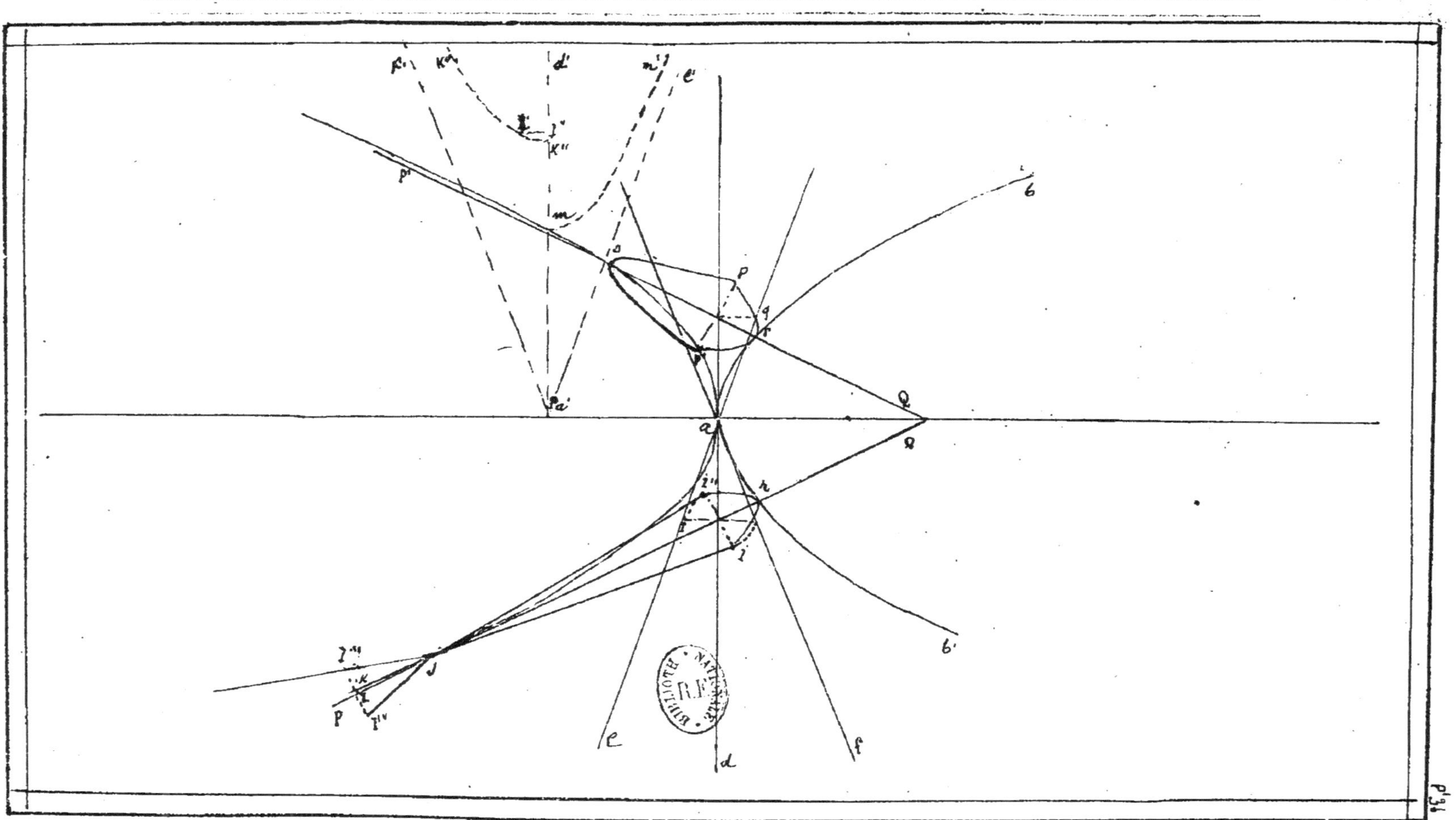

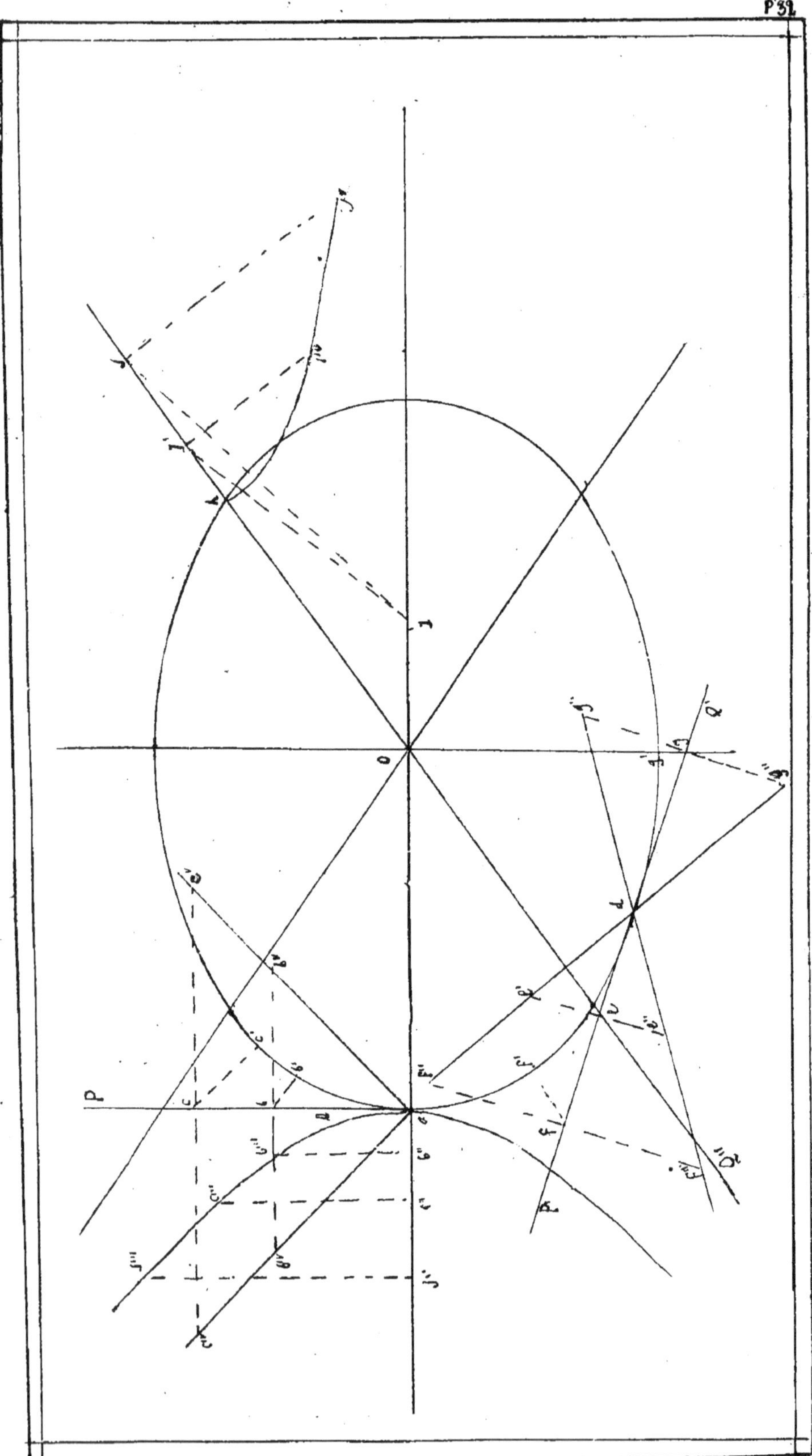

www.ingramcontent.com/pod-product-compliance
Lightning Source LLC
LaVergne TN
LVHW050629090426
835512LV00007B/755